Holiday Kitchen

Nina Soentgerath

Holiday Kitchen

Die besten **GERICHTE**
gegen **FERNWEH**

CHRISTIAN

Hühnchen-Verkäufer am Hafen von Jaffna, Sri Lanka.

Inhalt

Halva zählt zu den kulinarischen Spezialitäten Israels.

Happy Nina in den bunten Straßen von Medellín.

Vorwort

Als Kind fand ich im heimischen Kaminzimmer einen Bildband über einen Roadtrip auf der Panamericana von Alaska bis nach Feuerland. Dieses Buch besitze ich noch heute und dieser Roadtrip ist noch heute ein großer Reisetraum, den ich irgendwann verwirklichen werde. Mit diesem Buch begann alles, meine Reiselust war geweckt. Schon in jungen Jahren wollte ich mehr: mehr von der Welt sehen, mehr erleben, Neues kennenlernen. So nutzte ich jede Möglichkeit, die sich mir bot. Schüleraustausch nach Bangkok, Sprachreisen nach Frankreich, England und in die USA. Mit 13 zog es mich aufs Internat in die Schweiz, wo ich in den Engadiner Bergen meiner Leidenschaft, dem Snowboarden, frönte. Es folgte die erste große Reise nach Australien kurz vor dem Abitur, dann Studium in München und England. Als ich 2007 meinen Job in einer Werbeagentur verlor und mich als Grafikerin und Webdesignerin selbstständig machte, hatte ich keine Ahnung, in welche Richtung es gehen würde. Doch genoss ich meine neu gewonnene Freiheit;

die Freiheit, wieder mehr reisen zu können. Zum Arbeiten benötigte ich schließlich nur meinen Laptop. Warum also nicht an den schönsten Orten der Welt arbeiten und diese gleichzeitig entdecken? 2014 reiste ich mit dem Rucksack durch Thailand, Kambodscha und Vietnam. Um Familie und Freunde daheim auf dem Laufenden zu halten, begann ich meinen Blog reisehappen.de zu schreiben. Schon damals berichtete ich nicht nur über das, was ich erlebte, sondern schrieb auch die Rezepte auf, die ich auf meinen Reisen sammelte. Dass ich in naher Zukunft auch für Magazine schreiben und Bücher veröffentlichen würde, davon hätte ich jedoch nie zu träumen gewagt. Doch dann entwickelte sich alles ganz schnell, das Reisen, Fotografieren und Kochen wurde zum Beruf. Und gibt es etwas Schöneres, als beruflich das zu machen, was man liebt?

Meine kulinarischen Wurzeln

Meine italienische Oma habe ich nie kennengelernt, sie ist leider viel zu früh von uns gegangen. Auch die italienische Sprache habe ich nie gelernt und auch nichts über die italienische Küche. Dennoch hat mich irgendwie immer etwas mit der südländischen Kultur verbunden. Ich konnte mich mit der Lebensfreude der Menschen dort, mit der mediterranen Küche und mit den familiären Werten mehr identifizieren als mit selbigem in meiner deutschen Heimat. Irgendwie liegt es wohl in den Genen. Kochen und Essen spielten in meinem Leben schon immer eine große Rolle. Als Kind war ich gar etwas pummelig. Man sah, ich aß gerne – das hat sich zum Glück verwachsen –, aber nicht Süßigkeiten, Pommes mit Ketchup und Spaghetti bolognese wie andere Kinder. Nein, ich probierte schon damals alles. Bekannte meiner Eltern konnten kaum fassen, dass ich gerne Weinbergschnecken aß oder Scampi pulte. Doch aß ich nicht nur gerne, ich guckte auch gerne in die Kochtöpfe und liebte es, meiner Mama oder meiner Tante in der Küche zu helfen. Wobei meine Mama nie wirklich gerne kochte, es war eher ein notwendiges Übel für sie. Doch vielleicht ist gerade sie daran schuld, dass ich schon im zarten Alter von acht Jahren begann, selbst zu kochen. Ich sammelte Rezepte aus Zeitschriften, schrieb selbst kleine Kochbücher und probierte schon damals gerne Neues und Ausgefallenes. Mit zehn Jahren kochte ich für meine Eltern das erste Drei-Gänge-Menü.

Home sweet Home vs. Fernweh

An meiner Leidenschaft für gutes Essen hat sich bis heute nichts geändert. Ich bin gerne zu Hause, liebe es, Neues in meiner Küche auszuprobieren, und liebe es, Freunde und Familie zu bekochen und zu bewirten. Doch genauso sehr liebe ich es, essen zu gehen, neue Restaurants, Cafés und Garküchen zu entdecken oder auch Kochkurse zu besuchen. Mindestens genauso sehr wie das Kochen und Essen liebe ich jedoch das Reisen. Zu lange am Stück halte ich es zu Hause nicht aus, dann bekomme ich Hummeln im Hintern, die Füße jucken, das Fernweh wird immer größer und ich muss raus. Raus, um neue Menschen und Kulturen kennenzulernen, mir die salzige Meeresbrise um die Nase wehen zu lassen und um mich durch die Kochtöpfe dieser Welt zu futtern.

Schon Erich Kästner sagte einst: »Toren bereisen in fremden Ländern die Museen, Weise gehen in die Tavernen.« Da ist, finde ich, viel Wahres dran. Es muss nicht unbedingt die Taverne sein, es kann das Restaurant, die Garküche oder ein BBQ am Strand sein, doch über Essen und Trinken lernt man die Kultur eines Landes und seine Menschen wirklich kennen. Das Essen sagt so viel mehr über die Kultur eines Landes aus als der Besuch eines Museums, einer Kirche, eines Tempels oder irgendeiner anderen Sehenswürdigkeit.

Wie ich die Welt entdeckte

65 Länder dieser Welt habe ich mittlerweile bereist, mit Flugzeug, Bahn, Bus, Auto, zu Fuß, auf dem Frachtschiff und auf dem Segelschiff, auf Eselskarren und im Tuk Tuk. Mal war ich alleine unterwegs, mal mit dem Partner, der Mama oder Freunden. Ich kann in etwa 25 Sprachen »Guten Appetit« und »Das ist aber lecker« sagen. Ansonsten habe ich gelernt, mich mit Händen und Füßen verständlich zu machen, und irgendwie funktioniert es immer.

Ein Lächeln ist Gold wert und hat mir auf Reisen viele Türen geöffnet. Menschen haben mich, ohne überhaupt darüber nachzudenken, nach Hause eingeladen. Sie haben mir die Türen zu ihren Häusern und Küchen geöffnet und hießen mich in ihren Heimen willkommen. Domenik, der Besitzer einer kleinen Farm im kanadischen New Brunswick, zeigte mir, wie man Hummer auf dem Grill zubereitet, servierte mir die besten Spareribs aller Zeiten (die ich eigentlich noch nicht mal mag!) und gab mir auf seiner Farm für einige Tage ein wundervolles Zuhause. Auf meinen Reisen durch die Karibik besuchte ich sämtliche Rumdestillerien von Kuba bis zu den British Virgin Islands und genoss auch einfach mal das Karibikfeeling im Bikini am Strand. Der Italiener Raffaele entführte mich auf einen kulinarischen Streifzug durch seine Wahlheimat Rio de Janeiro und in Kolumbien lernte ich von Koch und Tauchlehrer Andres, wie man den zartesten Oktopus aller Zeiten kocht.

Auf den Marquesas, den abgelegensten Inseln der Welt, lernte ich, wie man traditionellen *poisson cru* zubereitet. In Thailands Goldenem Dreieck habe ich, auf dem Boden einer schäbigen Hütte sitzend, zusammen mit dem Volk der Karen Schlange und andere Dinge, die der Urwald so hergibt, gekostet. Ich machte ausschweifende Genusstouren über Bangkoks Märkte und durch die Garküchen und lernte viel über die Hingabe der Thailänder an gutes Essen. Ich bat die Köche an thailändischen Garküchen und an indonesischen Warungs um ihre Rezepte, lernte von Chi, einem »Hill Tribe«-Mädchen aus Sapa in Nordvietnam, wie man vietnamesische Frühlingsrollen zubereitet, und erfuhr von Cham und seiner Familie in Sri Lanka, wie man *halapa* (Kandablätter mit einer Füllung aus Kokosmehl, rotem Hirsemehl und Palmzucker) zubereitet.

Die italienische Küche habe ich immer geliebt, liegt wahrscheinlich an meinen Wurzeln. Auf meinen diversen Reisen durch die Emilia-Romagna besuchte ich zauberhafte kleine Acetaias und kostete feinen Aceto Balsamico Tradizionale di Modena, erfuhr, wie der Parmigiano reggiano noch heute nach jahrhundertealter Tradition hergestellt wird, und besuchte die Kleinstadt Langhirano, um mehr über »das göttliche Schwein« und die traditionelle handwerkliche Herstellung des Parmaschinkens zu erfahren. In Bologna lernte ich von den Schwestern Monika und Daniela im »Le Sfogline«, wie man Tortellini und Co. zubereitet. Die zauberhaften Omas des Kollektivs »Les àvies de Sils« lehrten mich an der Costa Brava, wie man traditionelle katalanische *brunyols* herstellt, und Paula führte mich durch die Straßen von Barcelona, um mir die besten Restaurants und Cafés der Stadt zu zeigen. Von den Schwestern Ayşın und Aysun lernte ich in Istanbul nicht nur die Zubereitung klassischer Gerichte aus der osmanischen Palastküche, sondern vor allem, was echte türkische Gastfreundschaft bedeutet. Diese erfuhr ich auch in Marokko, wo Berbernomade Lahcen mit mir die Zubereitung von *thé à la menthe* zelebrierte und ich magische Nächte unter den Sternen der Sahara verbrachte.

Bunt wie das Leben und doch nicht ganz vollständig

Dies sind nur einige der Abenteuer, die ich bis jetzt erleben durfte. Es gibt noch viele Länder, die ich nicht bereist habe und deren landestypische Küchen ich nicht kenne. Daher strebt dieses Buch keine Vollständigkeit an. Ich konzentriere mich auf die Länder, Rezepte und Essgewohnheiten, die ich kennengelernt habe. Die folgenden Rezepte sind meine persönlichen Lieblingsrezepte. Rezepte, mit welchen ich eine Geschichte und Erinnerungen verbinde. Rezepte aus aller Welt, bunt wie das Leben. Die Frage, wo es am besten schmeckt, kann ich mit diesem Buch nicht beantworten, das möchte ich jedoch auch gar nicht. Dieses Buch lädt zum Träumen und Genießen ein. Ich möchte mit diesem Buch einen Einblick in fremde Esskulturen geben und euch dazu anregen, exotische Gerichte und aufregende Produkte, die die Küchen dieser Welt so interessant machen, zu probieren. Viel Freude beim Kochen und In-die-Ferne-Träumen!

Die Grazer Murinsel wurde im Rahmen des Kulturhauptstadtjahres erbaut.

Europa

Ein kulinarischer Roadtrip von den Färöerinseln zu den zypriotischen Bergdörfern auf der »Insel der Götter«.

Im Herbst trinkt man in Graz »Schilchersturm« – neuen Wein.

Österreich

Kulinarisch kann das Nachbarland Österreich so einiges. Kaiserschmarrn und Käsespätzle gehen immer, wie ich finde. Tiroler Gröstl ist auf der Skihütte ein Muss, in Kärnten sind es die Kasnudeln und ein Besuch der Hauptstadt ohne ein Stück Sachertorte geht gar nicht. Doch die traditionelle Wiener Küche, die geprägt ist von Einflüssen aus allen Regionen der kaiserlich und königlichen Monarchie, hat noch weitaus mehr zu bieten. Ein echtes Wiener Schnitzel mit Erdäpfelsalat ist natürlich bei jeder Wienreise Pflicht. Auf den Speisekarten der Wiener Restaurants findet man aber beispielsweise auch verschiedene Varianten des klassischen ungarischen Gulaschs. Ebenfalls beliebt ist der Strudel, der ursprünglich aus dem östlichen Mittelmeerraum kommt, sowie Mehlspeisen, wie Golatschen und Palatschinken, die eigentlich aus Böhmen stammen.

Mein persönliches Highlight am österreichischen Kulinarikhimmel ist jedoch Graz, Genusshauptstadt und Landeshauptstadt der Steiermark. Auf dem Bauernmarkt am Kaiser-Josef-Platz kann man sich nach Lust und Laune durch die regionalen steirischen Spezialitäten, wie steirisches Kürbiskernöl, Grazer Krauthäuptel (alte Salatsorte), Käferbohnen, Vulkanlandschinken, Krainerwürstel, Steirerkäse und Schilchersturm (regionaler neuer Wein), schlemmen. Nicht fehlen darf außerdem ein Besuch bei »Frankowitsch«, dem Schnittchen-Paradies.

Der Uhrturm auf dem Grazer Schlossberg ist das Wahrzeichen der Stadt.

Premstättner Kraut ist eine Spezialität der Region.

Samstags trifft man sich in Graz auf dem Kaiser-Josef-Markt zum Einkaufen.

Der knackige Grazer Krauthäuptel gilt als »Aristokrat unter den Salaten« und wertet jede Salatschüssel auf.

Die Kürbiscremesuppe ist ein weit über die Steiermark hinaus beliebtes Gericht. Doch das grüne Gold der Steiermark, das echt steirische Kürbiskernöl, das aus dem steirischen Ölkürbis gewonnen wird, gibt der Suppe erst den so typisch nussigen und authentischen Geschmack. Rund 35 000 Kerne braucht es für eine Flasche des grünen Goldes, wobei ein Ölkürbis bis zu 1 000 Kerne enthält, also werden 35 bis 40 Kürbisse benötigt. Diese werden in den meisten Betrieben in der Steiermark noch heute händisch geerntet. Nach dem Trocknen werden die Kerne in einer der Ölmühlen der Region, wie zum Beispiel der »Haindl Mühle« in Kalsdorf bei Graz, gemahlen und gepresst. Ganz frisch kommt das so gewonnene dickflüssige, dunkelgrüne Kernöl dann in die Flasche und anschließend direkt auf den Tisch – frisch schmeckt es am besten.

Steirische Kürbiscremesuppe

Für 4 Personen

Für die Suppe
1 mittelgroßer Hokkaidokürbis
1 Zwiebel
1 Knoblauchzehe
30 g Butter
1 l Gemüsebrühe
200 g flüssige Sahne
Salz
frisch gemahlener weißer Pfeffer
Muskatnuss

Zum Anrichten
steirisches Kürbiskernöl
1 Handvoll geröstete Kürbiskerne
2 EL fein gehackte frische Petersilie

Das obere und das untere Ende vom Kürbis abschneiden. Vierteln und das Kerngehäuse aus den einzelnen Stücken entfernen. Das Fruchtfleisch in grobe Stücke teilen. Die Zwiebel abziehen und würfeln. Den Knoblauch abziehen und grob hacken.

Die Butter bei mittlerer Temperatur in einem großen Topf erhitzen. Die Zwiebeln und den Knoblauch anschwitzen. Die Kürbiswürfel zugeben und kurz anrösten. Anschließend die Gemüsebrühe hinzufügen und die Suppe köcheln lassen, bis der Kürbis weich ist.

Die Suppe dann mit einem Stabmixer pürieren. 150 g Sahne unterrühren und die Suppe mit Salz, Pfeffer und etwas Muskatnuss abschmecken.

Zum Anrichten die Kürbiscremesuppe heiß auf vorgewärmten Suppentellern oder in Schüsseln anrichten. Mit der übrigen Sahne (50 g) und Kürbiskernöl beträufeln und einige Kürbiskerne sowie die Petersilie darüberstreuen.

Der Kaiserschmarrn ist wohl die bekannteste Süßspeise aus der österreichischen Küche und findet sich auf nahezu jeder Speisekarte des Landes. Erstmals wurde er 1854 der österreichischen Kaiserin Sisi serviert. Beim Anrichten ist damals der Palatschinken versehentlich zerrissen, was später das besondere Merkmal des Kaiserschmarrns wurde. Sisi war allerdings kein großer Fan dieser Kreation, da sie sehr figurbewusst war und leichte Desserts bevorzugte. So soll Kaiser Franz Joseph I. angeblich in die Bresche gesprungen sein und gesagt haben: »Na, geb mir halt den Schmarren her, den unser Leopold [der Hof-Patissier] da wieder z'sammenkocht hat!« Der Name »Kaiserschmarrn« war geboren.

Kaiserschmarrn mit Zwetschgenröster

Für 4 Personen

Für den Zwetschgenröster

500 g Zwetschgen
70 g Zucker
100 ml Portwein
1 Stange Zimt
1 Schote Vanille
1 TL Speisestärke
1 TL Zitronensaft

Für den Kaiserschmarrn

7 EL Weizenmehl (Type 405)
300 ml Milch
2 TL Vanillezucker
7 Eier
100 g Rosinen
1 EL Butter
2 EL Zucker

Zum Anrichten

Puderzucker

Für den Zwetschgenröster die Zwetschgen waschen, entsteinen und vierteln. Den Zucker in einem großen Topf bei mittlerer Temperatur karamellisieren, dann mit dem Portwein ablöschen. Köcheln lassen, bis sich das Karamell aufgelöst hat. Anschließend die Zwetschgen, die Zimtstange und das herausgekratzte Vanillemark sowie die Vanilleschote hinzufügen. Alles bei niedriger Temperatur etwa 10 Minuten köcheln.

In der Zwischenzeit die Speisestärke mit 2 EL Wasser anrühren. Die Zimtstange und die Vanilleschote entfernen. Die Zwetschgen mit der Speisestärke binden. Mit dem Zitronensaft abschmecken. Anschließend beiseitestellen und abkühlen lassen.

Für den Kaiserschmarrn das Mehl, die Milch und den Vanillezucker zu einem glatten Teig verrühren. Dann die Eier untermischen. Die Butter bei mittlerer Temperatur in einer ofenfesten Pfanne schmelzen. Den Teig in die Pfanne gießen und die Rosinen darüberstreuen. Wenn die Unterseite leicht gebräunt ist, mit einem Messer ein X in den Teig schneiden und die vier Teile wenden. Die Oberseite mit Zucker bestreuen. Wenn die Oberseite leicht gebräunt ist, die Teile erneut wenden. Nun die Pfanne in den auf 250 °C Ober-/Unterhitze vorgeheizten Backofen geben und etwa 5 Minuten backen, bis der Teig auf das Doppelte aufgegangen ist.

Zum Anrichten den Kaiserschmarrn in Stücke reißen und mit Puderzucker bestreuen. Heiß in der Pfanne servieren und den Zwetschgenröster dazureichen. Statt des Zwetschgenrösters passen auch Apfelmus oder Preiselbeeren dazu.

Die *soupe de chalet* haben einst die Armaillis de la Gruyère, Kuhhirten aus dem Greyerzerland, kreiert. Während der Weidezeit auf der Alm hatten diese keine Möglichkeit, frische Zutaten zu besorgen. So findet man in den Originalrezepten für die Hüttensuppe nur Zutaten, die früher auch in den Chalets auf den Almen vorhanden waren. Das heißt: Bergkräuter, Milch, Kartoffeln, Sahne und Le Gruyère – der heute weit über die Region hinaus bekannte Käse. Dazu Teigwaren, die haltbar waren und aus diesem Grund immer mit auf die Alm genommen wurden.

Soupe de Chalet

Hüttensuppe

Für 4 Personen

Für die Suppe

6 mittelgroße festkochende Kartoffeln
1 Zwiebel
1 Handvoll wilder oder junger Spinat
1 Handvoll Brennnesseln
(alternativ 1 Stange Lauch)
1 EL Pflanzenöl
1 l Rinderbrühe
500 ml Milch
100 g Hörnchennudeln
100 g flüssige Sahne
Salz
frisch gemahlener schwarzer Pfeffer
Muskatnuss

Zum Anrichten

12 EL geriebener Le Gruyère AOP
½ Bund frische Petersilie, gehackt

Die Kartoffeln schälen und würfeln. Die Zwiebel abziehen und fein würfeln. Den Spinat und die Brennnesseln grob zerkleinern.

Das Öl bei mittlerer Temperatur in einem großen Topf erhitzen und die Zwiebel darin glasig anschwitzen. Kartoffeln, Rinderbrühe, Milch, Spinat und Brennnesseln hinzufügen und das Ganze abgedeckt etwa 45 Minuten köcheln lassen.

Die Hörnchennudeln zugeben und in 10 Minuten al dente garen. Anschließend die Temperatur reduzieren und die Sahne unterrühren. Die Suppe mit Salz, Pfeffer und Muskat abschmecken.

Zum Anrichten den geriebenen Käse auf vier Suppenteller verteilen, die heiße Suppe darübergießen und mit Petersilie bestreuen. Dazu passt knuspriges Baguette.

Capuns, gefüllte Mangoldblätter, sind ein traditionelles Gericht aus meiner einstigen Wahlheimat Graubünden. Früher galten Krautwickel als Armeleuteessen, heute sind Capuns weit über die Grenzen des Schweizer Kantons hinaus bekannt und haben längst auch in der Sterneküche Einzug gehalten. Das *eine* Rezept für Capuns gibt es nicht. Man munkelt, es existierten so viele Rezepte wie Bündner Hausfrauen, und längst sind der Fantasie hinsichtlich der Füllung keine Grenzen mehr gesetzt. Traditionell jedoch werden die Mangoldblätter mit einem Spätzliteig gefüllt, dem *salsiz* und Bündner Fleisch beigemischt werden. Nicht fehlen darf für den authentischen Geschmack die Krauseminze. Wahlweise werden die Capuns noch mit Käse überbacken. Ich bin ja der Meinung, dass mit Käse – besonders mit Bündner Bergkäse – alles besser schmeckt.

Capuns

Bündner Mangoldwickel

Für 4 Personen

Für die Füllung

100 g salsiz (luftgetrocknete oder geräucherte Salami)
100 g Landjäger
100 g Bündner Fleisch
150 g gekochter Schinken
250 g Weizenmehl (Type 405)
1 Ei
100 ml Milch
frisch gemahlener schwarzer Pfeffer
Muskatnuss
je ½ Bund Schnittlauch und frische Petersilie
4 Blätter frische Krauseminze
1 Zehe Knoblauch

Außerdem

20 Blätter Mangold
1 EL Butter
1 EL Rapsöl
150 ml Hühnerbrühe
150 g flüssige Sahne
100 g geriebener Bündner Bergkäse

Für die Füllung die *salsiz*, die Landjäger, das Bündner Fleisch und den Schinken klein würfeln. Das Mehl, das Ei, die Milch und 100 ml Wasser zu einem zähflüssigen Teig verrühren. Die Wurstwaren unter den Teig heben und mit etwas Pfeffer und Muskatnuss würzen. Den Schnittlauch in feine Röllchen schneiden, die Petersilie und die Krauseminze fein hacken. Den Knoblauch abziehen und ebenfalls fein hacken. Alles unter den Teig mischen und diesen 30 Minuten ruhen lassen.

In der Zwischenzeit die Mangoldblätter in kochendem Wasser kurz blanchieren und anschließend in Eiswasser abschrecken. Dann die harten Stiele entfernen.

Nun in die unteren Viertel der Mangoldblätter jeweils 1 EL der Füllung platzieren. Dann zuerst deren Seiten einschlagen, danach von unten nach oben aufrollen.

Die Butter und das Öl in einer Pfanne bei mittlerer Temperatur erhitzen. Die Capuns portionsweise von allen Seiten kurz darin anbraten und anschließend in eine ofenfeste Form legen. Die Hühnerbrühe mit der Sahne verrühren, mit etwas Pfeffer und Muskat würzen und über die Capuns gießen. Den Käse über die Capuns streuen und diese im vorgeheizten Backofen bei 200 °C Umluft 15 Minuten garen.

Die Capuns mit der Sauce auf vorgewärmten Tellern anrichten.

Gulasch bezeichnet in Ungarn eine Suppe mit Kartoffeln und Zupfnudeln, die von den Pusztahirten früher ausschließlich aus Lamm, Geflügel, Schweinefleisch oder Fisch zubereitet wurde – niemals aus Rindfleisch! Das Tellergericht wird in Ungarn *pörkölt* oder *paprikasch* genannt, je nachdem, ob es mit Rindfleisch oder weißem Fleisch zubereitet wird. »Pörkölt« bedeutet nichts anderes als »Angeröstetes«. Fleisch und Zwiebeln werden dabei zunächst ohne Zugabe von Gewürzen unter ständigem Rühren angebraten, bis am Topfboden nur noch das Fett übrig ist. Dabei karamellisiert der natürliche Zucker der Zwiebeln und das *marhapörkölt* erhält sein typisches Aroma. Ein herrlich aromatisches *marhapörkölt* gibt es in Budapest im »Pest-Buda Bistro« unweit der Fischerbastei im Burgviertel. Serviert wird es traditionell mit ungarischen Nockerln, einer Art Riesenspätzle.

Marhapörkölt

Ungarisches Rindergulasch mit Nockerln

Für 4 Personen

Für das marhapörkölt

3 Zwiebeln
300 g festkochende Kartoffeln
je 1 gelbe und rote Paprikaschote
3 EL Butterschmalz
750 g Rindergulasch
1 EL edelsüßes Paprikapulver
1 EL rosenscharfes Paprikapulver
½ Flasche trockener Rotwein (375 ml)
2 große Tomaten
2 Lorbeerblätter
Salz
frisch gemahlener schwarzer Pfeffer

Für die Nockerl

350 g Weizenmehl (Type 405)
3 Eier
3 EL Sauerrahm
2 TL Salz

Für das *marhapörkölt* die Zwiebeln abziehen, die Kartoffeln schälen und beides würfeln. Die Paprikaschoten ebenfalls würfeln. Das Butterschmalz in einem großen Topf bei hoher Temperatur erhitzen. Die Zwiebeln darin goldgelb anschwitzen. Das Fleisch trockentupfen, zugeben und unter ständigem Rühren von allen Seiten scharf anbraten. Anschließend das Paprikapulver und die Paprikawürfel hinzufügen. Das Ganze nun mit dem Rotwein ablöschen und etwa 10 Minuten schmoren lassen.

Die Tomaten würfeln und zusammen mit den Lorbeerblättern hinzufügen. Das Gulasch salzen und etwa 2 Stunden bei niedriger Temperatur schmoren lassen. 30 Minuten vor Ende der Garzeit die gewürfelten Kartoffeln hinzufügen.

Während das *marhapörkölt* vor sich hinköchelt, alle Zutaten für die Nockerl mit 120 ml Wasser zu einem klebrigen Teig verarbeiten. In einem großen Topf Wasser aufkochen. Einen Teelöffel in das heiße Wasser tauchen, dann damit etwas Teig abstechen und die Nocke ins kochende Wasser geben. Nach und nach mit dem kompletten Teig so verfahren. Die Nockerl im siedenden Wasser 8 Minuten gar ziehen lassen.

Zu guter Letzt das Rindergulasch mit etwas Salz und Pfeffer abschmecken und die Lorbeerblätter entfernen. Das Rindergulasch mit den Nockerln auf vorgewärmten Tellern anrichten. Dazu passt ein grüner Salat.

»Das göttliche Schwein« nennt man das Schwein, aus welchem Prosciutto di Parma, der Edelschinken Culatello, Copa und diverse Salumi gemacht werden, in der Emilia-Romagna liebevoll.

Italien

Die *eine* italienische Küche gibt es eigentlich gar nicht, denn diese variiert von Region zu Region. In der Küche Südtirols findet man beispielsweise viele österreichische und ungarische Einflüsse. Auch in der Küche Siziliens spiegelt sich die Geschichte der Region wider. Sowohl griechische als auch arabische Einflüsse prägen die sizilianische Küche. In Kampanien isst man, aufgrund der Lage am Golf von Neapel, besonders gerne Fisch und Meeresfrüchte und auch die venezianische Küche wird durch die Nähe zum Meer bestimmt. Viele venezianische Nudelgerichte werden mit Fisch und Meeresfrüchten zubereitet. Besonders beliebt sind Sardinen, Venus- und Jakobsmuscheln, Tintenfische und Meeresspinnen. Doch auch Risotto und Polenta zählen zu den Spezialitäten Venedigs, denn Reis und Mais gedeihen auf den fruchtbaren Böden des Veneto ausgezeichnet.

Köstlich schmeckt es überall, doch steht wohl keine Region so sehr für gutes Essen wie die Emilia-Romagna. Tortellini, Lasagne, Aceto Balsamico, Prosciutto di Parma, Parmigiano reggiano und Lambrusco sind nur einige der kulinarischen Berühmtheiten, die der 100 Kilometer lange Landstrich zwischen Parma und Bologna südlich des Po hervorgebracht hat. Aus diesem Grund wird die Gegend auch »La valle del cibo«, auf Deutsch »Das Tal des Essens«, genannt.

Der Dachboden der Antica Acetaia Villa Bianca ist das Allerheiligste. Hier lagern unzählige Fässer Aceto Balsamico Tradizionale di Modena – das dunkelbraune Gold der Reggio Emilia.

Tortellini werden in Bologna ehrfürchtig als »Nabel der Venus« bezeichnet und werden von den Schwestern Monika und Daniela im »Le Sfogline« noch heute in liebevoller Handarbeit zubereitet.

Die »Salumificio La Perla« in Langhirano ist einer von 150 Betrieben, in welchem Prosciutto di Parma produziert wird.

Frischer, perlender Lambrusco ist der perfekte Begleiter zu den deftigen Spezialitäten der Emilia-Romagna.

Die *bigoli in salsa* kommen aus der Stadt, an die ich mein Herz verloren habe: Venezia – La Serenissima. In Venedig kennt man das Pastagericht bereits seit dem Mittelalter. Einst war es ein typisches Arme-leuteessen, da man nur vier Zutaten dafür benötigte: Bigoli, Sardellen, Zwiebeln und Öl. Die Bigoli, eine Art dicke Spaghetti mit relativ rauer Oberfläche, wurden dafür mit der Bigolaro, einer Bronzepresse, in Form gepresst. Früher bestanden sie aus Buchweizenmehl, da dieses günstig war. Weich- oder Hartweizen waren teuer und der privilegierten Oberschicht vorbehalten. Heute jedoch wird auch in Venedig zumeist Hartweizen für die Herstellung der Pasta verwendet. Traditionell isst man *bigoli in salsa* als Fastengericht am Aschermittwoch, aber auch zur »Festa del Redentore«, der Feier zur Erinnerung an Venedigs Befreiung von der großen Pestwelle. Auf den Karten vieler *bacaris*, den traditionellen Weinbars abseits der ausgetretenen Touristenpfade, findet man das Gericht ganzjährig auf der Karte.

Bigoli in Salsa

Bigoli mit Sardellen

Für 2 Personen

200 g Zwiebeln
100 ml Olivenöl
250 g Bigoli (dicke Spaghetti mit rauer Oberfläche)
8 Anchovis (Sardellen)
Salz
frisch gemahlener schwarzer Pfeffer
½ Bund frische Petersilie, gehackt

Die Zwiebeln abziehen und fein würfeln. Die Hälfte des Öls bei mittlerer Temperatur in einer Pfanne erhitzen und die Zwiebeln darin bei niedriger Temperatur etwa 15 Minuten anschwitzen. Währenddessen ab und an 1 EL Wasser hinzufügen.

In der Zwischenzeit Wasser in einem großen Topf aufkochen, salzen und die Bigoli nach Packungsangabe al dente garen.

Anschließend die Anchovis zu den geschmelzten Zwiebeln in die Pfanne geben und mit einer Gabel zerdrücken. Das restliche Olivenöl, die Bigoli und die Petersilie hinzufügen und alles gut vermischen.

Die Pasta heiß auf vorgewärmten Tellern anrichten.

Tipp: Bigoli sind hierzulande nur schwer erhältlich. Stattdessen kann man Pici, das Pendant aus der Toskana, oder Spaghetti alla chitarra, viereckige Spaghetti aus den Abruzzen, verwenden.

Vor vielen, vielen Jahren habe ich das erste Mal *arancini di riso* in einer kleinen Bäckerei in Palermo gekauft und bereits nach dem ersten Biss war ich verloren. Sündhaft gut sind die kleinen frittierten Reisbällchen, die klassisch mit Hackfleisch-Ragù, gerne aber auch mit Mozzarella gefüllt werden. So wundert es wohl kaum, dass *arancini di riso* das beliebteste Streetfood der Mittelmeerinsel sind. Auf Deutsch bedeutet »arancini« übrigens »kleine Orangen«. »*Arancini di riso*« sind also »kleine Orangen aus Reis«. Logisch eigentlich, wenn man Farbe und Form betrachtet. Sie erinnern schon ein wenig an die Zitrusfrüchte, oder?

Arancini di Riso

Sizilianische Reisbällchen

Für 25 Stück

Für die Füllung

150 g Pancetta (italienischer Bauchspeck)
1 Zwiebel
1 Karotte
1 Stange Sellerie
2 EL Olivenöl
500 g Rinderhackfleisch
150 ml trockener Rotwein
150 ml Gemüsebrühe
300 g gewürfelte Tomaten aus der Dose
200 g aufgetaute TK-Erbsen
150 ml Vollmilch
Salz
frisch gemahlener schwarzer Pfeffer

Für die Füllung den Pancetta in feine Streifen schneiden. Die Zwiebel abziehen, die Karotte schälen und beides sehr fein würfeln. Den Sellerie ebenfalls fein würfeln.

Das Olivenöl in einem großen Topf bei mittlerer Temperatur erhitzen. Den Pancetta darin auslassen. Dann die Zwiebel-, Karotten- und Selleriewürfel hinzufügen und anschwitzen. Anschließend das Hackfleisch zugeben und unter Rühren von allen Seiten kräftig anbraten. Dann mit dem Rotwein ablöschen. Danach die gewürfelten Tomaten und die Gemüsebrühe hinzufügen. Das Ragù bei mittlerer Temperatur abgedeckt mindestens 2 Stunden sanft köcheln lassen.

Kurz vor Ende der Garzeit Erbsen und Milch hinzufügen. Das Ragù mit Salz und Pfeffer abschmecken.

In der Zwischenzeit für das Risotto die Schalotte abziehen und fein würfeln. Den Safran in etwas Wasser auflösen. Das Olivenöl in einem großen Topf bei mittlerer Temperatur erhitzen. Die Schalottenwürfel darin anschwitzen. Den Reis zugeben und 2 Minuten anrösten. Dann mit dem Weißwein ablöschen und bei niedriger Temperatur unter Rühren köcheln lassen, bis der Reis die Flüssigkeit aufgenommen hat. Nun etwas Brühe zugeben. Unter Rühren weiterköcheln lassen, bis auch die Brühe aufgenommen ist. Den Vorgang wiederholen, bis der Reis al dente ist. Dann den Parmesan, die Butter und den Safran hinzufügen und alles gut vermischen.

Für das Risotto

1 Schalotte
einige Safranfäden
2 EL Olivenöl
500 g Carnaroli-Reis
150 ml trockener Weißwein
800 ml heiße Gemüsebrühe
70 g geriebener Parmesan
50 g Butter

Für die Panade

3 Eier
2 EL geriebener Parmesan
Salz
frisch gemahlener schwarzer Pfeffer
150 g Weizenmehl (Type 405)
300 g Paniermehl (Semmelbrösel)

Zum Frittieren

1 l neutrales Pflanzenöl

Ein Backblech mit Backpapier auslegen. Das Risotto gleichmäßig darauf ausstreichen und auskühlen lassen.

Für die Panade die Eier aufschlagen, den Parmesan hinzufügen und mit Salz und Pfeffer würzen. Das Mehl und das Paniermehl jeweils auf einen flachen Teller geben.

Für das Fertigstellen der Arancini die Hände anfeuchten. 1 EL Risotto mit den Händen platt drücken. 1 TL Ragù in die Mitte geben. 1 EL Reis daraufgeben und zusammendrücken. Zu einer Kugel oder einer kleinen Birne formen. Mit dem restlichen Risotto und dem Ragù genauso verfahren. Die Reiskugeln anschließend erst im Mehl, dann in der Ei-Käse-Mischung und zum Schluss im Paniermehl wenden.

Das Öl in einem Topf bei hoher Temperatur erhitzen. Die Arancini portionsweise in etwa 4 Minuten goldbraun ausbacken, kurz auf Küchenpapier abtropfen lassen und sofort snacken.

Traditionell werden Piadine in der Romagna, dem Landstrich zwischen Bologna und Rimini, auf einer Terrakotta-Platte gebacken. Daheim funktioniert es aber auch ganz einfach in der Pfanne. Bei der Füllung sind der Fantasie keine Grenzen gesetzt. In Italien beliebt sind beispielsweise Salami, *scamorza affumicata* (geräucherter Brühkäse) oder frische Tomaten und Rucola. In der »Casina del Bosco« in Rimini serviert man die Piadina mit einer Füllung aus *pecorino nero* (sardische Schafskäsespezialität) und hausgemachtem Birnensenf – ein absolutes Gedicht. Auch Prosciutto di Parma, ein luftgetrockneter Rohschinken aus der gleichnamigen Provinz, macht sich als Belag gut.

Piadina Romagnola

Gefülltes Fladenbrot aus der Romagna

Für 6 Piadine

Für den Teig

500 g Weizenmehl (Type 405)
100 ml Milch
100 g Schweineschmalz
½ TL Salz
½ TL Natron

Zum Anrichten

18 Scheiben Prosciutto di Parma
1 Bund Rucola
squacquerone di Romagna *(weicher, cremiger Frischkäse; in italienischen Feinkostgeschäften erhältlich)*

Für den Teig alle Zutaten mit 100 ml Wasser zu einer glatten Masse verkneten. Diese in sechs gleich große Stücke aufteilen und zu Kugeln formen. Diese mit der Hand etwas flach drücken und dann zu etwa 3 mm dicken, runden Fladen ausrollen.

Eine Pfanne bei mittlerer Temperatur ohne Fettzugabe erhitzen und die Fladen darin von jeder Seite in 1–2 Minuten goldbraun backen.

Zum Anrichten eine Hälfte jeder Piadina mit dem Frischkäse bestreichen. Darauf jeweils drei Scheiben Prosciutto di Parma und etwas Rucola verteilen. Die Piadina in der Mitte zusammenfalten, in der Pfanne kurz von beiden Seiten erwärmen und anschließend sofort servieren. Dazu trinkt man ein Glas Sangiovese.

Von Rimini aus ging es mit dem Bus durch die spektakuläre Landschaft der Emilia-Romagna, durch bezaubernde kleine Dörfer und dann über unzählige Serpentinen hoch hinauf nach San Marino, die kleine Enklave mitten in Italien. Schon von Weitem erhaschte ich die ersten Blicke auf den Monte Titano mit den drei Gipfeln Rocca Guaita, Rocca della Fratta und Rocca Montale, auf welchem die malerische Hauptstadt des Zwergstaates mit seinen mittelalterlichen Stadtmauern, Toren, Türmen und Wehrgängen thront. Atemberaubende Ausblicke über die Emilia-Romagna, die Republik San Marino – die älteste bestehende Republik der Welt – und die adriatische Küste boten sich mir zum Sonnenuntergang von der Terrasse vor dem Castello della Guaita und anschließend beim Abendessen in einem der Restaurants unterhalb der Festung. Gedankenverloren sah ich zu, wie die Sonne langsam in der Adria versank, und löffelte meine *pasta e ceci*, eines der typischsten Gerichte in San Marino.

Pasta e Ceci

Nudeln mit Kichererbsen

Für 4 Personen

Für die Pasta

1 Zwiebel
2 Zehen Knoblauch
1 Karotte
1 Stange Sellerie
1 EL Olivenöl
1 l Gemüsebrühe
1 große Dose Kichererbsen
(ca. 400 g Abtropfgewicht)
400 g passierte Tomaten
2 Zweige frischer Rosmarin
100 g ditalini *(kurze Röhrennudeln)*
Salz
frisch gemahlener schwarzer Pfeffer

Zum Anrichten

geriebener Parmesan

Die Zwiebel und den Knoblauch abziehen, die Karotte schälen und alles fein würfeln. Den Sellerie ebenfalls würfeln.

Das Olivenöl in einem großen Topf bei mittlerer Temperatur erhitzen. Die Zwiebel-, die Karotten- und die Selleriewürfel darin bei niedriger Temperatur etwa 10 Minuten anschwitzen. Anschließend den Knoblauch hinzufügen und mitanschwitzen. Dann alles mit der Brühe ablöschen.

Die Kichererbsen in ein Sieb abgießen und abspülen. Dann zusammen mit den passierten Tomaten und dem Rosmarin zugeben. Die Sauce aufkochen und bei mittlerer Temperatur 10 Minuten köcheln lassen. Dann die *ditalini* hinzufügen und in der Sauce al dente garen.

Die Pasta mit Salz und Pfeffer abschmecken und auf tiefe Teller verteilen. Geriebenen Parmesan dazureichen.

Spanien

Auch in Spanien unterscheidet sich die Küche regional sehr stark. Die Küche Südspaniens ist von den Kulturen der Mauren und Sepharden (spanische Juden) beeinflusst, aber auch durch den spanischen Überseehandel. Während man in den Küstenregionen vor allem Fisch isst, gibt es aber auch die von den Bauern und Hirten geprägte deftige und fleischlastige Küche des Hinterlandes. Das bekannteste Gericht aus der valencianischen Küche ist die Paella, die hier traditionell nur mit Reis, Safran, Huhn oder Kaninchen, grünen Bohnen und Schnecken gekocht wird. Auch sonst ist die Küche in der Region Valencia eher deftig, vor allem Eintöpfe sind hier sehr beliebt. Lateinamerikanische Einflüsse finden sich in der kanarischen Küche wieder, während die baskische Küche vom Nachbarland Frankreich geprägt ist. Mediterran ist die mallorquinische Küche, doch auch deftige Lamm- und Schweinefleischspezialitäten kommen hier auf den Tisch.

Ein Charakteristikum der katalanischen Küche ist, dank der langen Küste und den ausgedehnten Gebirgszügen, die Verbindung von *mar i muntanya* (Meer und Gebirge) – heißt: die Kombination von Meeresfrüchten und Fisch mit Fleisch. Sehr beliebt ist etwa Huhn mit Languste oder Tintenfisch mit Fleischklößchen. Gerne kombiniert man in Katalonien außerdem salzige mit süßen Zutaten. Ein regionaler Klassiker ist beispielsweise Kaninchen mit Birne, Zimt und Zwiebeln. Apropos Zwiebeln, die Zwiebel gilt als »Königin der katalanischen Küche« – ohne sie geht gar nichts. Daher fehlt sie natürlich auch in der *esqueixada de bacalao*, einem typisch katalanischen Stockfischsalat, nicht. Das bekannteste Dessert aus Katalonien ist sicherlich die *crema catalana*, ähnlich der französischen Crème brûlée. Unbedingt kosten sollte man als Nachtisch aber auch *mel i mató*, ein köstlicher katalanischer Ziegenfrischkäse mit Honig.

Menschenpyramiden werden in Katalonien schon seit dem 18. Jahrhundert zu den Patronatsfesten errichtet.

Schinken, so weit das Auge reicht, im »El Tall« in Girona.

Das Eis der Gebrüder Roca im »Rocambolesc« gilt als das beste in ganz Girona.

Das Sternerestaurant »Casamar« in Llafranc ist bekannt für seine einfache, aber moderne Küche und der Ausblick von der Terrasse ist grandios.

Alioli mallorquín ist eben eine Knoblauch-Mayonnaise. Nein, nicht ganz! Aufgrund der hohen Temperaturen darf kein Restaurant auf Mallorca Mayonnaise mit frischem Ei servieren, die Salmonellengefahr wäre zu groß. Deshalb bereiten die Mallorquiner ihre Alioli ohne rohe Eier zu, sodass man sie bedenkenlos bei jeder Temperatur genießen kann.

Alioli Mallorquín

Mallorquinische Knoblauch-Mayonnaise

Für 4 Personen

3 Zehen Knoblauch
100 ml frische Vollmilch (keine H-Milch!)
300 ml Olivenöl
frisch gemahlener weißer Pfeffer
Salz
edelsüßes Paprikapulver
1 EL Zitronensaft

Den Knoblauch abziehen und würfeln. Anschließend zusammen mit der Milch und einigen Tropfen Öl in ein hohes Gefäß geben und mit einem Stabmixer gut vermixen. Dann das restliche Öl langsam einfließen lassen und den Stabmixer beim Mixen immer wieder langsam nach oben ziehen. Sobald die richtige Konsistenz erreicht ist, die Mayonnaise mit Salz, Pfeffer, Paprikapulver und Zitronensaft abschmecken.

Zur Alioli serviert man auf Mallorca ungesalzenes Brot und Oliven.

Tipp: Im Kühlschrank hält sich die Alioli mindestens 4 Tage.

Da saß ich einst im »My Way« unweit der Plaça Reial in Barcelona und fühlte mich zurückversetzt in die 1960er-Jahre. Über den Bildschirm lief »The Rat Pack«, im Hintergrund sang Frank Sinatra leise »My Way« und der überaus aufmerksame Kellner, der aussah wie eine Mischung aus Frank Sinatra und Salvador Dalí, servierte mir die erste Portion *esqueixada de bacalao* meines Lebens. Ein Gericht, das zur katalanischen Küche gehört wie vielleicht kein anderes. Die »katalanische Ceviche« ist ein Salat aus Stockfisch, Tomaten, Zwiebeln und Oliven und schmeckt besonders an heißen Sommertagen herrlich.

Esqueixada de Bacalao

Kabeljausalat aus Katalonien

Für 4 Personen

Für die esqueixada

700 g Stockfisch
1 Zwiebel
100 g entsteinte schwarze Oliven
3 mittelgroße Tomaten
100 ml Olivenöl
frisch gemahlener schwarzer Pfeffer

Zum Anrichten

2 EL gehackte frische Petersilie

Für die *esqueixada* den Stockfisch in mundgerechte Stücke zerkleinern und in kaltem Wasser etwa 45 Minuten einweichen. Das Wasser währenddessen zwei- bis dreimal wechseln.

In der Zwischenzeit die Zwiebel abziehen und würfeln. Die Tomaten entkernen und ebenfalls würfeln. Beides zusammen mit den Oliven in eine Schüssel geben und vermischen.

Den Stockfisch aus dem Wasser nehmen, vorsichtig mit den Händen ausdrücken und zu den anderen Zutaten geben. Das Öl hinzufügen und den Kabeljausalat mit Pfeffer abschmecken. Im Kühlschrank etwa 30 Minuten ziehen lassen.

Die *esqueixada* auf Tellern anrichten, mit der gehackten Petersilie bestreuen und servieren.

In Zypern liebt man es gleichzeitig süß und salzig und Halloumi, üblicherweise hausgemacht aus Schafs- und Ziegenmilch, muss eigentlich überall drin sein. So auch in der *tyropita*, einer Art Halloumi-Kuchen oder -Brot, das auf der »Insel der Götter« gerne zum Frühstück gegessen wird. *Tyropita* kann aber grundsätzlich alles sein kann, was mit Käse hergestellt wird: ein Brot oder ein zypriotischer Käsekuchen, aber auch Käse im Phyllo- oder Blätterteig, Kourou- oder Kataifi-Teig (Engelshaar). Auf Zypern macht man da keinen Unterschied – Hauptsache, Teig und Käse. In das Frühstücksbrot gehören eine ganze Menge Minze – auch davon kann es nie genug sein – und süße Kondensmilch. Klingt gewöhnungsbedürftig, ist aber ziemlich lecker. Besonders gut schmeckt *tyropita* am Morgen in einem der kleinen Cafés in einem der zauberhaften zypriotischen Bergdörfer mit Blick auf das Troodos-Gebirge. Doch auch zu Hause mundet der Kuchen.

Tyropita

Zypriotischer Halloumi-Gugelhupf

Für 1 Gugelhupf (Ø 20–22 cm)

260 g gezuckerte Kondensmilch
120 ml Olivenöl
4 Eier
2 TL Backpulver
260 g Weizenmehl (Type 405) plus etwas mehr für die Form
200 g Halloumi
50 g Rosinen
5 EL getrocknete Minze
Butter für die Form

Die Kondensmilch, das Olivenöl und die Eier in einer Schüssel verquirlen. Das Backpulver zufügen und die Hälfte des Mehls hineinsieben. Die Zutaten vermengen. Das restliche Mehl hineinsieben und erneut alles vermengen. Den Halloumi reiben und mit den Rosinen und der Minze vorsichtig unter den Teig heben.

Eine Gugelhupfform einfetten und mit Mehl ausstauben, dann den Teig einfüllen. Den Gugelhupf im vorgeheizten Backofen bei 180 °C Umluft etwa 50 Minuten backen. Anschließend etwa 15 Minuten abkühlen lassen, dann aus der Form stürzen und servieren.

Hauchdünne goldgelbe Crêpes mit caramel au beurre salé – Vorsicht, Suchtpotenzial!

Frankreich

Die französische Küche gilt als eine der berühmtesten und wohl auch einflussreichsten Küchen der Welt. Essen spielt im täglichen Leben der Franzosen eine enorm große Rolle – sicherlich eine größere als in vielen anderen Ländern – und ist Teil der nationalen Kultur. Daher wurde das »gastronomische Mahl der Franzosen« von der UNESCO sogar als immaterielles Kulturerbe anerkannt. Neben der Haute Cuisine, die sich zur französischen Nationalküche entwickelt hat, existieren in Frankreich jedoch auch zahlreiche Regionalküchen. Das Périgord ist beispielsweise bekannt für seine Trüffel und Gänse. Besonders Foie gras ist hier sehr beliebt. Im Elsass ist die deftige Küche weitverbreitet. Neben *choucroute garnie* (Sauerkraut mit Würsten, Fleisch und Kartoffeln) und *baeckeoffe* (ein Schmoreintopf) ist der Elsässer Flammkuchen das wohl bekannteste und beliebteste Gericht der Region.

Die bretonische Küche kommt ganz ohne großes Chichi aus. Winzige Feinschmeckerportionen gibt es hier nicht, dafür bodenständige Hausmannskost. »Aremorica« – das Land am Meer – wird die Bretagne auch genannt. Daher wundert es kaum, dass hier vor allem Meeresfrüchte und Fisch auf dem Teller landen. Die Austern aus Cancale zählen zu den besten der Welt. Die Bretagne ist darüber hinaus französisches Hauptfanggebiet der Jakobsmuschel, der Königin der Muscheln. Den blauen Hummer gibt es nur in der Bretagne, züchten lässt er sich nicht. Er ist eigensinnig wie der Bretone selbst. Galettes, herzhaften Crêpes aus Buchweizenmehl, kann man kaum widerstehen, doch erst recht nicht den süßen Crêpes, besonders wenn diese mit *caramel au beurre salé*, Salzbutterkaramell, gefüllt sind. Bretonisches Salzbutterkaramell war wie eine Offenbarung für mich. Wie bin ich bis dahin nur mein ganzes Leben lang ohne ausgekommen, das fragte ich mich. Heute ist es aus meiner Küche nicht mehr wegzudenken. Sowohl die traditionelle Tarte Tatin als auch *palets bretons* (bretonische Kekse, die aussehen wie ein Eishockeypuck) oder den *gateau breton* (ein Sandkuchen mit Karamellfüllung) backe ich damit. Salzbutterkaramell schmeckt aber auch als Brotaufstrich und als Dessertsauce herrlich.

Caramel au beurre salé – *Salzbutterkaramell – ist Bretagne im Mund.*

Die Gegend rund um Huelgoat im Herzen des Naturschutzgebietes Parc naturel régional d'Armorique ist voller Naturgeheimnisse, rätselhafter Sagen und alter Legenden.

Nirgends schmecken Austern besser als direkt am Hafen von Cancale.

Die Austernparks von Cancale mit Blick auf die Bucht von Mont-Saint-Michel.

Vor einiger Zeit besuchte ich meine Freundin Laurène im schönen Elsass. Gerade angekommen, hieß es: »Jetzt gehen wir erst mal Flammkuchen essen, den besten, den die Region zu bieten hat.« Ich war gespannt, ob er wirklich so gut wäre. Und so machten wir uns auf in das kleine Dorf Willgottheim an der elsässischen Weinstraße, um den Abend im Restaurant »L'Oie Gourmande« zu verbringen. Beim Betreten des Lokals wusste ich gar nicht, wo ich zuerst hinschauen sollte, es glich einer zauberhaften Puppenstube. Die Wände waren über und über mit Bildern behangen, überall standen kleine Vasen, Figuren, Töpfe und Kunst aus dem Elsass. Wunderbar bunt die Tischdecken und keine glich der anderen. Laurène hatte wahrlich nicht zu viel versprochen. Nicht nur das Ambiente war entzückend, auch die Flammkuchen waren göttlich, vor allem der original Elsässer Flammkuchen.

Tarte Flambée

Elsässer Flammkuchen

Für 1 großen Flammkuchen

Für den Teig

150 g Weizenmehl (Type 550) plus etwas mehr zum Bestauben
1 TL Salz

Für den Belag

1 Zwiebel
125 g Schinkenspeck
5 EL Crème fraîche
frisch gemahlener schwarzer Pfeffer
1 Prise Muskatnuss

Für den Teig 100 ml Wasser, das Salz und das Mehl mischen und verkneten, bis der Teig leicht zusammenklebt. Den Teig etwa 20 Minuten ruhen lassen, dann mit etwas Mehl bestauben und 3 mm dick ausrollen.

Für den Belag die Zwiebel abziehen und in feine Scheiben schneiden. Den Schinkenspeck in Streifen schneiden. Die Crème fraîche gleichmäßig auf dem ausgerollten Teig verteilen und mit Zwiebeln und Speck bestreuen. Die Tarte flambée mit Pfeffer und Muskat würzen und anschließend im vorgeheizten Backofen bei 190 °C Ober-/Unterhitze 15–18 Minuten backen.

Den Flammkuchen auf einem Holzbrett anrichten und servieren. Dazu passen ein grüner Salat und ein Riesling aus dem Elsass.

Caramel au beurre salé ist für mich wie ein Stückchen Bretagne im Mund. Es gibt wohl keine andere Spezialität, die die Bretagne so sehr verkörpert wie Salzbutterkaramell. Erfunden wurde es einst von Chocolatier Henri Le Roux aus Quiberon, der seinem Salzbutterkaramell noch Haselnuss- und Mandelkerne sowie ein paar weitere geheime Zutaten hinzufügte und dieses als Konfekt verkaufte. 1980 wurde es sogar zum »besten Bonbon Frankreichs« gekürt. Salzbutterkaramell gibt es heute nicht nur als Bonbon, sondern auch als Creme, die als Füllung für Crêpes, zur Herstellung von Speiseeis oder als Brotaufstrich verwendet wird. Auch die Karamellsauce für die klassische Tarte Tatin, die französische Apfeltorte, wird in der Bretagne mit salziger Butter zubereitet und erhält dadurch ihren einzigartigen Geschmack.

Tarte Tatin

Französischer Apfelkuchen

Für 1 runde Kuchenform (Ø 26 cm)

Für den Belag

6 Äpfel (Sorte Braeburn)
300 g Zucker

Für die Karamellsauce

200 g Zucker
50 g paysan breton *(bretonische Butter mit Meersalz)*

Für den Teig

250 g Weizenmehl (Type 405) plus etwas mehr zum Arbeiten
125 g Butter
50 g Zucker
1 Ei

Für den Belag die Äpfel schälen, vom Kerngehäuse befreien und achteln. Den Zucker mit 1 l Wasser in einem großen Topf aufkochen und köcheln lassen, bis sich der Zucker komplett aufgelöst hat. Nun die Äpfel hinzufügen und etwa 5 Minuten im Zuckerwasser blanchieren. Sie sollten noch etwas Biss haben. Dann aus dem Zuckerwasser nehmen, beiseitestellen und abkühlen lassen.

Für die Karamellsauce zunächst ein Drittel des Zuckers in einen kleinen Topf geben. Bei niedriger Temperatur ohne Rühren schmelzen lassen. Nun das zweite Drittel des Zuckers hinzufügen. Den Topf ein wenig schütteln, damit sich der Zucker auf dem Karamell verteilt. Nicht rühren. Sobald der zugegebene Zucker ebenfalls geschmolzen ist, den restlichen Zucker hinzufügen und den Topf wieder etwas schütteln. Sobald der Zucker vollständig geschmolzen ist, vorsichtig umrühren und anschließend die Butter hinzufügen. Die schmelzende Butter einrühren, bis die Karamellsauce schön cremig ist.

Nun die Sauce in eine Tatin-Form oder in eine andere runde Kuchenform gießen und gleichmäßig verteilen. Anschließend die Form mit den Apfelstücken auskleiden.

Für den Teig alle Zutaten in einer Küchenmaschine zu einem homogenen Teig verkneten. Diesen auf einer bemehlten Arbeitsplatte etwa 1 cm dick ausrollen und dann über die Äpfel in der Form legen. An den Seiten etwas in die Form drücken und mit einer Gabel mehrmals einstechen.

Die Tarte Tatin im vorgeheizten Backofen bei 180 °C Umluft auf mittlerer Schiene 35 Minuten backen. Dann aus dem Backofen nehmen und direkt auf eine Kuchenplatte stürzen.

Die Tarte Tatin lauwarm mit Sahne und Vanilleeis oder mit *crème chantilly* (gesüßter Schlagsahne) wie in der Bretagne servieren.

Piroggen sind gefüllte Teigtaschen, die in vielen osteuropäischen Ländern wie Polen, Tschechien, Ukraine und Russland, aber auch in Finnland und dem Baltikum weitverbreitet sind. Die Füllung und der Name des Gerichtes variieren von Land zu Land. Gerne werden sie mit Hackfleisch, Kartoffeln, Spinat, Sauerkraut oder Pilzen gefüllt. Als Nachtisch mit Blaubeeren oder Äpfeln. Piroggen ruthenischer Art mit einer Füllung aus Kartoffeln und Käse sind jedoch der Klassiker der polnischen Küche.

Pierogi Ruskie

Ruthenische Piroggen mit Kartoffel-Käse-Füllung

Für 6–8 Personen

Für die Füllung

5 mittelgroße mehligkochende Kartoffeln
1 Zwiebel
1 EL Butter
220 g Schichtkäse
½ TL Knoblauchpulver
½ TL Zwiebelpulver
Salz
frisch gemahlener schwarzer Pfeffer

Für den Teig

700 g Weizenmehl (Type 405)
120 ml warme Milch
1 EL geschmolzene Butter
Salz

Zum Anrichten

1 Zwiebel
3 Scheiben Speck
1 Becher Schmand (200 g)
1 EL Butter
frische Thymianblätter

Für die Füllung die Kartoffeln schälen, in einen Topf mit heißem Wasser geben, aufkochen und in etwa 30–45 Minuten weich garen. Anschließend abgießen, etwas ausdampfen lassen und stampfen.

Die Zwiebel abziehen und würfeln. Die Butter in einer Pfanne bei mittlerer Temperatur schmelzen und die Zwiebelwürfel darin anschwitzen. Den Schichtkäse unter die Stampfkartoffeln mischen. Die Zwiebel hinzufügen und die Füllung mit den Gewürzen abschmecken.

Für den Teig das Mehl in eine Schüssel sieben und eine Mulde formen. Die Milch, die Butter und 1 Prise Salz in die Mulde geben. Die zugefügten Zutaten mit dem Mehl verkneten. Nach und nach 250 ml Wasser zugeben und weiterkneten, bis der Teig schön geschmeidig ist. Dann abgedeckt 30 Minuten ruhen lassen.

Anschließend den Teig auf einer bemehlten Arbeitsfläche etwa 2 mm dick ausrollen. Runde Kreise (Ø etwa 10 cm) ausstechen. Jeweils 1 TL der Füllung in die Mitte der Kreise geben, diese zu einem Halbkreis zusammenklappen und die Ränder gut verschließen. So verfahren, bis der komplette Teig aufgebraucht ist.

In einem großen Topf Wasser aufkochen, salzen und die Piroggen portionsweise in den Topf geben. Bei mittlerer Temperatur etwa 3 Minuten köcheln lassen. Wenn die Piroggen an die Oberfläche steigen, sind sie gar.

Zum Anrichten die Zwiebel abziehen und würfeln. Den Speck in Streifen schneiden. Die Butter in einer Pfanne erhitzen und die Zwiebelwürfel darin knusprig anbraten. In einer zweiten Pfanne den Speck auslassen. Die Piroggen mit Speck, Zwiebeln und einem Klecks Schmand auf den Tellern servieren und Thymianblätter darüberstreuen.

Poffertjes sind etwa münzgroße Pfannkuchen, die traditionell überall in den Niederlanden mit Puderzucker, gerne auch mit Butterstückchen und Zuckerrübensirup serviert werden. Ursprünglich kommen die Poffertjes allerdings gar nicht aus Holland, sondern aus Frankreich. Der Sage nach sind Mönche aus der Nähe von Bordeaux einst auf Buchweizenmehl umgestiegen, um ihre Hostien herzustellen. Findige Händler waren davon sehr angetan und brachten die feinen Pfannküchlein während der Französischen Revolution in die Niederlande, wo das Rezept etwas verfeinert wurde. Die niederländischen Poffertjes waren geboren. Heute gelten sie als Nationalgericht, das man im gesamten Land an Poffertjesständen, aber auch in Konditoreien, Cafés und Restaurants zum Schnabulieren bekommt.

Poffertjes

Niederländische Mini-Pfannkuchen

Für 4 Personen

Für die Poffertjes

125 g Weizenmehl (Type 405)
125 g Buchweizenmehl
1 Prise Salz
5 g Trockenhefe
450 ml lauwarme Milch
Butter zum Einfetten

Zum Anrichten

Puderzucker

Außerdem

Poffertjespfanne aus Gusseisen (online erhältlich)

Für den Teig das Weizenmehl, das Buchweizenmehl, das Salz und die Trockenhefe in einer Schüssel mischen. Die Milch hinzufügen und alles zu einem glatten Teig verrühren. Diesen abgedeckt etwa 30 Minuten gehen lassen.

Die Poffertjespfanne bei mittlerer Temperatur erhitzen. Die Mulden mit etwas Butter einfetten. Jeweils 1 EL Teig in die Mulden füllen und die Poffertjes goldbraun backen, dann mit einer Gabel wenden und weiterbacken, bis auch die Unterseite goldbraun ist. Dabei jedoch nicht vollends durchbacken, die Poffertjes sollten noch einen weichen Kern haben. So verfahren, bis der komplette Teig aufgebraucht ist.

Die Poffertjes auf einer Platte oder auf den Tellern anrichten und mit Puderzucker bestreut servieren.

Weltweit sind sie als French Fries bekannt, doch die knusprigen Kartoffelstäbchen kommen gar nicht aus Frankreich. »Frie« kommt von *patates frites*, belgisch-französisch für »frittierte Kartoffeln«. Amerikanische Soldaten hörten davon in Belgien wohl erstmals während des Ersten Weltkriegs. Sie dachten aufgrund der Sprache, sie wären in Frankreich, doch Französisch wird nun mal auch in Flandern gesprochen. Und Pommes frites kommen nicht nur aus Belgien, sie sind sogar belgisches Nationalgericht. Traditionell werden sie aus Bintje-Kartoffeln hergestellt und man isst sie einfach aus der Papiertüte mit Mayo, aber auch zu Tatar, *vol au vent* (eine Art Blätterteigpastete), Rindereintopf und eben zu Miesmuscheln, natürlich frisch aus der Nordsee.

Moules frites

Belgische Muscheln mit Pommes frites

Für 2 Personen

Für die Pommes frites
4 große festkochende Kartoffeln
4 EL Pflanzenöl
Salz

Für die Miesmuscheln
1 Bund Suppengemüse
2 Zwiebeln
2 Zehen Knoblauch
2 EL Olivenöl
1 kg frische Miesmuscheln
0,5 l trockener Weißwein
1 l Gemüsebrühe
2 Lorbeerblätter
Salz
frisch gemahlener schwarzer Pfeffer
½ Bund frische Petersilie, gehackt

Für die Pommes frites die Kartoffeln schälen und in Stifte schneiden. Diese in einer Schüssel mit Wasser bedecken und etwa 15 Minuten stehen lassen, damit die Stärke entzogen wird. Anschließend abgießen und trockentupfen. Die Kartoffelstifte dann mit dem Öl mischen, sodass sie gleichmäßig überzogen sind. Ein Backblech mit Backpapier auslegen und die Kartoffelstifte darauf gleichmäßig verteilen. Die Pommes frites im vorgeheizten Backofen bei 180 °C Umluft etwa 50 Minuten backen, bis sie knusprig und goldbraun sind.

In der Zwischenzeit für die Miesmuscheln die Karotte und den Sellerie schälen, den Knoblauch und die Zwiebeln abziehen. Alles klein würfeln. Den Lauch in feine Ringe schneiden.

Das Olivenöl bei mittlerer Temperatur in einem großen Topf erhitzen. Die Zwiebeln darin glasig anschwitzen, dann das restliche Gemüse zugeben und mit anschwitzen. Das angeschwitzte Gemüse mit dem Weißwein ablöschen. Anschließend die Brühe und die Lorbeerblätter zufügen und den Sud aufkochen. Mit Salz und Pfeffer würzen.

Inzwischen die Muscheln waschen, bereits geöffnete und kaputte Muscheln aussortieren. Dann in den Sud geben. Bei geschlossenem Deckel 3–5 Minuten köcheln lassen. Zum Schluss die Petersilie untermischen. Zum Anrichten die Pommes frites salzen und heiß zusammen mit den Miesmuscheln servieren.

Einst hat die Maas die Felsen der Ardennen entzweit und eine tiefe Schlucht zurückgelassen, an welche heute das bezaubernde Städtchen Dinant liegt.

»Biscuiteers« in Notting Hill ist bekannt für seine wunderschönen und köstlichen Biscuits.

Großbritannien

Oft wird die britische Küche als schwer, fettig, deftig und vor allem als einfallslos bezeichnet. Das kommt nicht von ungefähr. Fish & Chips und auch das englische Frühstück mit Würstchen, Speck und *baked beans* kann man wohl kaum als gesund bezeichnen. Lammfleisch mit Minzsauce, Yorkshirepudding und *sunday roast* kann ich bis heute nichts abgewinnen. Kaum vorstellbar, dass die britische Küche im 19. Jahrhundert einen ausgezeichneten Ruf hatte und selbst Frankreich diese als Vorbild sah. Großbritannien hatte in der Kolonialzeit einfachen Zugang zu exotischen Gewürzen und Lebensmitteln und das Dienstpersonal wusste, wie man daraus exquisite und erlesene Gerichte zubereitete. Mit dem Ende der Kolonialzeit und durch den Ersten Weltkrieg verlor man jedoch den Zugang zu diesen Ressourcen. Darüber hinaus konnten sich viele Briten fortan kein Personal mehr leisten, verstanden aber selbst nichts vom Kochen. So ging die britische Kochkunst verloren.

So schlecht wie ihr Ruf ist die britische Küche allerdings gar nicht. Es gibt fantastische frische Zutaten in England. Asiatische, indische und afrikanische Einflüsse haben in der Küche Einzug gehalten, aber auch die Mittelmeerküche. So erfreut sich die moderne britische Küche mittlerweile wieder größerer Beliebtheit. Gerade in Manchester oder Liverpool findet man wirklich tolle Restaurants. Cornwall hat eine äußerst moderne Küche, geprägt von Fisch und Meeresfrüchten, und London, ja London ist tatsächlich ein absolutes Foodie-Mekka. Neben unzähligen Cafés, wie zum Beispiel dem »Farm Girl« in Notting Hill, das sündhaft gute, gesunde Gerichte serviert, gibt es in London meiner Meinung nach die besten indischen Restaurants außerhalb Indiens. Genauso authentisch sind die südostasiatischen Restaurants. Doch es geht auch »very british«: Die besten Scones der Stadt gibt es bei »Biscuiteers«. Die besten Fish & Chips bei »Poppie's« in Spitalsfield und Shepherd's Pie, einen Hackfleischauflauf mit Kartoffelhaube, findet man in nahezu jedem Pub in London und im gesamten Königreich.

Bereits seit 1839 wird im »The White Lion« in Covent Garden Bier ausgeschenkt.

Die Leake Street Arches unter der Waterloo Station sind einer der wenigen Orte in London, an welchem Street-Art-Künstler ihrer Kreativität legal freien Lauf lassen können. Ziemlich coole Restaurants, wie das vietnamesische »Banh Bao Brothers«, gibt es in dem Tunnel außerdem.

Die besten Austern von London gibt's beim »Oyster Boy« am Colombia Road Flower Market.

Unweit der Brick Lane in Shoreditch finden sich »The Nomadic Community Gardens«, ein alternatives Urban Gardening Project. Etwas abgerockt, aber ziemlich cool.

To The Roving Café
London

Sich einmal wie Alice im Wunderland fühlen? Kann man: beim märchenhaften »Alice in Wonderland Afternoon Tea« im »KONA« in London. An herrlich dekorierten Tischen, alles im Alice-im-Wunderland-Stil, werden unzählige herzhafte kleine Sandwiches serviert. Dazu zauberhaft garnierte Törtchen, Kuchen und Macarons, die förmlich »Eat me!« von der Etagere schreien – die würden ganz bestimmt selbst der Grinsekatze schmecken. Mit darunter sind selbstverständlich auch Scones mit *clotted creme* und Konfitüre, denn die dürfen in Großbritannien beim Afternoon Tea auf keinen Fall fehlen. Die besondere Struktur der Scones entsteht hierbei durch das Einarbeiten kalter Butter in den Teig. Am besten geht das durch Reiben des Teigs zwischen den Fingerspitzen, er sollte nicht geknetet werden. Das dauert zwar eine Weile, doch nur so erhält der Teig die richtige Konsistenz und die Scones werden krustenlos und schön weich.

Scones

Klassisches englisches Teegebäck

Für 10 Stück

Für die Scones

225 g Weizenmehl (Type 405) plus etwas mehr zum Arbeiten
½ Päckchen Backpulver
25 g Zucker
1 Prise Salz
50 g Butter
125 ml Milch

Zum Anrichten

Erdbeermarmelade
clotted cream *(in Deutschland praktisch nicht erhältlich, die perfekte Alternative:* taze kaymak, *ein Schichtrahm, aus dem türkischen Supermarkt)*

Das Mehl, das Backpulver, den Zucker und das Salz mischen. Die Butter würfeln und mit den Fingerspitzen sanft in die Mischung hineinreiben. Anschließend die Milch hinzufügen und mit einer Gabel vorsichtig untermengen.

Die Arbeitsplatte mit etwas Mehl bestauben und den Teig sanft flach drücken. Er sollte etwa 2,5 cm dick sein. Nun mit einem Trinkglas oder einer Ausstechform Kreise (Ø etwa 5 cm) ausstechen. Ein Blech mit Backpapier auslegen und darauf die Scones platzieren. Im vorgeheizten Backofen bei 220 °C Umluft 12–15 Minuten backen.

Die warmen Scones klassisch mit Erdbeermarmelade und *clotted cream* servieren.

Jedes Land hat sein ganz eigenes Comfort Food – Essen für die Seele, das schmeckt und glücklich macht. Für die Iren ist es der Shepherd's Pie. Traditionell wird der Auflauf mit Lammfleisch zubereitet, daher der Name »Schäferkuchen«. Mit Rindfleisch zubereitet wird er Cottage Pie genannt. Meinen ersten Shepherd's Pie aß ich jedenfalls an einem kalten, verregneten Abend in einem kleinen Pub in Kilkenny – er war wahrlich Balsam für die Seele.

Pióg an Aoire

Irischer Shepherd's Pie

Für 4 Personen

Für die Stampfkartoffeln

500 g mehligkochende Kartoffeln
125 ml Milch
20 g Butter
Salz
Muskatnuss

Für die Hackfleischschicht

2 Karotten
1 Zwiebel
1 EL neutrales Pflanzenöl
500 g Lammhackfleisch
2 Zweige frischer Thymian
½ TL weißer Pfeffer
Salz
2 EL Tomatenmark
100 ml trockener Rotwein
2 EL Worcestershiresauce
100 ml Gemüsebrühe
150 g aufgetaute TK-Erbsen

Für die Kruste

100 g geriebener Cheddarkäse

Für die Stampfkartoffeln die Kartoffeln schälen, waschen und vierteln. Wasser in einem großen Topf aufkochen, etwas Salz zugeben und die Kartoffeln darin weich kochen. Anschließend abgießen, ausdampfen lassen und noch warm zerstampfen. Die Milch in einem kleinen Topf aufkochen und zusammen mit der Butter mit den Kartoffeln vermengen. Den Kartoffelstampf mit Salz und Muskatnuss abschmecken.

Für die Hackfleischschicht die Karotten schälen und die Zwiebel abziehen. Beides fein würfeln. Das Öl bei mittlerer Temperatur in einem großen Topf erhitzen und die Gemüsewürfel darin anschwitzen. Das Hackfleisch zugeben und krümelig braten. Anschließend Pfeffer und Salz, den Thymian und das Tomatenmark hinzufügen. Das Tomatenmark kurz anrösten. Dann das Ganze mit dem Rotwein und der Worcestershiresauce ablöschen. Zunächst einköcheln lassen, danach die Gemüsebrühe und die Erbsen hinzufügen und die Sauce ungefähr 10 Minuten weiterköcheln lassen.

Das Hackfleisch anschließend in eine Auflaufform geben, den Kartoffelstampf darüber verteilen und mit dem Cheddar bestreuen. Den Shepherd's Pie im vorgeheizten Backofen bei 200 °C Ober-/Unterhitze etwa 20 Minuten backen, bis der Käse goldbraun ist.

SoFo, kurz für South of Folkungagatan, Teil des Stockholmer Stadtteils Södermalm, ist das Mekka für Fans skandinavischer Mode.

Schweden

Die schwedische Küche ist einfach und bodenständig. Hausmannskost würde man sagen. Je nach geografischer Lage wird in Schweden mal mehr Fisch, mal mehr Fleisch gegessen, gerne auch Wild in Form von Rentier- oder Elchfleisch. Ebenfalls beliebt ist Hackfleisch, vor allem die berühmten *köttbullar*, kleine Fleischklößchen in Sauce, die klassisch mit Preiselbeeren, Gurkensalat und Kartoffeln serviert werden – nicht nur im schwedischen Möbelhaus. Vor allem zu Hause wird dieses Gericht gegessen, gerne auch zu Weihnachten. Darüber hinaus stehen heimische Beeren, Pilze und Milchprodukte hoch im Kurs.

Mit den Wikingern und ihren Handelspartnern hielten außerdem schon vor Hunderten von Jahren exotische Gewürze Einzug in die schwedische Küche. So wundert es dann auch nicht, dass Kardamom ein Bestandteil der berühmten *kanelbullar*, der schwedischen Zimtschnecken, ist. Überhaupt lieben die Schweden Süßspeisen und Backwaren und auch ihre *fika*, die schwedische Kaffeepause. Da wundert es dann auch nicht, dass der Schwede rund 1 200 Tassen Kaffee pro Jahr trinkt und damit auf der weltweiten Rangliste des Kaffeeverbrauchs nur knapp hinter Finnland liegt. Auch in Stockholms Hipsterviertel Södermalm muss man nicht lange suchen, um ein schönes Café zu finden, das Kaffeespezialitäten, leckere Kuchen und Gebäck serviert. Sehr zu empfehlen ist beispielsweise das »Lilla caféet på söder«. Gut gestärkt lohnt anschließend ein Bummel durch die Götgatan, Fußgängerzone und Lebensader von Södermalm und Heimat vieler individueller Boutiquen und cooler Secondhandläden.

Mural von Os Gemeos in der Fiskargatan 9 in Södermalm.

»Meatballs for the people« in Södermalm ist bekannt für seine köstlichen Fleischbällchen.

Fika, die ausgedehnte Kaffeepause, ist Teil des schwedischen Lifestyles.

Köttbullar werden eigentlich »schöttbüllar« ausgesprochen, denn folgt im Schwedischen auf ein k ein ö, wird dieses eben sch ausgesprochen. Sinngemäß übersetzt bedeutet das Wort übrigens nichts anderes als »Fleischbrötchen«. Besonders gerne werden die Fleischbällchen mit Sahnesauce und Preiselbeerkonfitüre zu Mittsommer und Weihnachten gemeinsam mit der Familie verzehrt. In schwedischen Restaurants findet man sie dagegen eher selten auf der Speisekarte. Richtig gute *köttbullar* für den kleinen Hunger zwischendurch bekommt man in Stockholm bei »Meatballs for the People«. Ein absoluter Geheimtipp für schwedische Hausmannskost und eben auch *köttbullar* ist außerdem die »Nomad Swedish Food & Bar«. Auch die hausgemachten Schnäpse und Cocktails sind hier ziemlich gut. Und nach dem Essen legen häufig junge Stockholmer DJs auf.

Köttbullar

Schwedische Fleischbällchen

Für 4 Personen

Für die köttbullar
150 ml Milch
5 EL Paniermehl
1 TL Salz
½ TL weißer Pfeffer
½ Zwiebel
3 EL Butter
400 g Rinderhackfleisch
1 Ei
1 TL Dijonsenf

Für die Sauce
2 EL Butter
2 EL helles Mehl (z. B. Weizenmehl Type 405)
400 ml Fleischbrühe
50 g flüssige Sahne
2 TL Sojasauce
frisch gemahlener weißer Pfeffer

Für die *köttbullar* die Milch, das Paniermehl, das Salz und den Pfeffer vermischen. Die Masse eine Weile ziehen lassen.

In der Zwischenzeit die ½ Zwiebel abziehen und fein würfeln. 1 EL Butter in einer Pfanne bei mittlerer Temperatur schmelzen und die Zwiebelwürfel darin anschwitzen. Diese dann mit dem Hackfleisch, dem Ei, dem Senf und der Milch-Paniermehl-Masse in einer Schüssel mit den Händen gut vermengen. Mit Salz und Pfeffer abschmecken.

Aus der Masse mit befeuchteten Händen Kugeln (Ø etwa 3 cm) formen. Die restliche Butter in einer Pfanne erhitzen und die Fleischkugeln darin von allen Seiten scharf anbraten. Anschließend die Temperatur reduzieren und die *köttbullar* in der Pfanne gar ziehen lassen.

Für die Sauce die Butter in einem kleinen Topf bei mittlerer Temperatur schmelzen, das Mehl hineinsieben und kurz anschwitzen. Dann unter ständigem Rühren die Fleischbrühe zugeben und die Sauce aufkochen. Anschließend die Sahne unterrühren und die Sauce mit der Sojasauce und Pfeffer abschmecken.

Für die Beilagen

6 festkochende Kartoffeln

1 Bio-Salatgurke

2 EL gehackter Dill

Salz

frisch gemahlener weißer Pfeffer

2 EL Naturjoghurt

Zum Anrichten

lingonsylt *(schwedische Preiselbeerkonfitüre)*

2 EL gehackte frische Petersilie

Für die Beilagen die Kartoffeln mit Schale in gesalzenem Wasser garen, anschließend abgießen und pellen. Die Gurke waschen, in feine Scheiben hobeln und in einer Schüssel mit dem Dill, Salz und Pfeffer mischen. Zu guter Letzt den Joghurt unterheben.

Die *köttbullar* mit der Sauce, der Preiselbeerkonfitüre und den Kartoffeln auf einem vorgewärmten Teller anrichten. Etwas Petersilie über die Kartoffeln streuen. Den Gurkensalat dazureichen.

Eine schwedische *fika* – die kleine Zwischenpause – ohne *kanelbullar* gibt es nicht. Das habe ich schon auf meiner ersten Reise nach Stockholm erfahren. Meine erste Zimtschnecke habe ich in dem zuckersüßen kleinen Café »Kaffekoppen« direkt am Stortorget gegessen. Dazu eine heiße Schokolade. Perfekt an einem eiskalten Wintertag in der schwedischen Hauptstadt. Doch nicht nur in der Kaffeepause isst man in Schweden *kanelbullar*. Zimtschnecken sind der beliebteste Zwischendurch-Snack, man bekommt sie wirklich an jeder Ecke, ob im Café, an der Tankstelle oder im Kiosk.

Kanelbullar

Schwedische Zimtschnecken

Für 20 Zimtschnecken

Für den Teig
75 g Butter
250 ml Milch
25 g frische Hefe
80 g Zucker
Salz
1 TL gemahlener Kardamom
500 g Weizenmehl (Type 405) plus etwas mehr zum Arbeiten

Für die Füllung
100 g weiche Butter
100 g brauner Zucker
2 EL Zimtpulver

Für das Topping
1 Eigelb
1 EL Milch
Hagelzucker

Für den Teig die Butter in einem kleinen Topf bei mittlerer Temperatur schmelzen. Die Milch hinzufügen und erwärmen. Die Hefe in der lauwarmen Milch auflösen. In einer Schüssel den Zucker, 1 Prise Salz, den Kardamom und das Mehl mischen. Die Milch-Hefe-Mischung eingießen und alles zu einem geschmeidigen Teig verkneten. Diesen abgedeckt 30 Minuten gehen lassen.

Anschließend noch einmal durchkneten und dann auf einer bemehlten Arbeitsfläche zu einem großen Rechteck ausrollen. Dieses mit der weichen Butter bestreichen. Den Zucker und den Zimt mischen und darüberstreuen.

Den Teig der Länge nach einrollen und in etwa 3 cm dicke Scheiben schneiden. Diese mit der Schnittseite nach unten auf ein mit Backpapier ausgelegtes Backblech legen. Die Zimtschnecken abgedeckt 30 Minuten gehen lassen.

Inzwischen für das Topping das Eigelb und die Milch verquirlen. Die Zimtschnecken damit bepinseln und mit Hagelzucker bestreuen. Dann im vorgeheizten Backofen bei 190 °C Ober-/Unterhitze in 10–12 Minuten goldbraun backen. Anschließend aus dem Ofen nehmen und unter einem Handtuch abkühlen lassen.

Tipp: Die Zimtschnecken kann man ungebacken einfrieren. Dann einfach in den Backofen schieben, wenn man Lust auf frisch gebackene *kanelbullar* hat.

Pølser, Würstchen, werden in Dänemark zu jeder Gelegenheit gegessen: als schnelles Mittagessen, Mitternachtssnack oder auch während einer Fährfahrt zu den Inseln. An jeder Straßenecke finden sich *pølsevogen* (Hotdog-Wagen), an denen die *pølsemænd* (Hotdog-Männer) heiße Würstchen verkaufen. Die wichtigsten Zutaten für den dänischen Hotdog sind die Remoulade mit Blumenkohl, der Gurkensalat und die *røde pølser* (Rotwurst) oder die braune *grillpølser* (Grillwurst). Die leuchtend rote *rød pølse* ist außerhalb Skandinaviens jedoch nicht erhältlich, daher werden in diesem Rezept Wiener Würstchen verwendet.

Dänische Pølser

Dänischer Hotdog

Für 5 Hotdogs

Für die Brötchen

30 g Butter
40 g Zucker
1 Prise Salz
10 g frische Hefe
400 g Weizenmehl (Type 405)
1 Ei

Für die eingelegten Gurken

1 Bio-Salatgurke
100 ml Weißweinessig
60 g Zucker
Salz
frisch gemahlener schwarzer Pfeffer

Für die Remoulade

150 g Mixed Pickles
1 EL Kapern
1 Schalotte
150 g Mayonnaise
100 g saure Sahne
1 TL Senf
½ TL Currypulver
1 Spritzer Zitronensaft

Für die Brötchen die Butter in einem kleinen Topf bei niedriger Temperatur schmelzen. Den Zucker, das Salz und die Hefe mit 200 ml lauwarmem Wasser verrühren. Nach etwa 10 Minuten die Hälfte des Mehls untermischen. Anschließend die geschmolzene Butter und das Ei hinzufügen und einarbeiten. Nun das restliche Mehl hinzugeben und alles zu einem gleichmäßigen Teig verkneten. Diesen an einem warmen Platz abgedeckt 20 Minuten gehen lassen.

Den Teig auf einer bemehlten Arbeitsfläche erneut durchkneten und anschließend in fünf gleich große Stücke teilen. Die Hotdog-Brötchen formen und auf ein mit Backpapier belegtes Backblech legen. Abdecken und noch einmal 20 Minuten gehen lassen. Anschließend im vorgeheizten Backofen bei 200 °C Ober-/Unterhitze 12–15 Minuten backen, bis sie schön goldbraun sind.

In der Zwischenzeit für die eingelegten Gurken die Gurke in dünne Scheiben schneiden und in eine Schüssel geben. Den Essig mit 100 ml Wasser aufkochen und den Zucker darin auflösen. Das Essig-Zucker-Wasser mit Salz und Pfeffer würzen. Die Gurkenscheiben mit dem Sud übergießen und 30 Minuten durchziehen lassen.

Für die Röstzwiebeln

1 Gemüsezwiebel

1 EL Weizenmehl (Type 405)

100 ml neutrales Pflanzenöl

Salz

Zum Anrichten

5 Wiener Würstchen

Ketchup

mittelscharfer Senf

Für die Remoulade die Mixed Pickels und die Kapern fein hacken. Die Schalotte abziehen und fein würfeln. Alle Zutaten gut miteinander vermischen. Die Remoulade anschließend im Kühlschrank 30 Minuten durchziehen lassen.

Für die Röstzwiebeln die Zwiebel abziehen und in feine Scheiben schneiden. Diese mit dem Mehl bestauben. Das Öl in einer Pfanne bei mittlerer Temperatur erhitzen und die Zwiebelringe darin goldbraun frittieren. Herausnehmen und auf Küchenpapier abtropfen lassen.

Zum Anrichten die Wiener Würstchen in einem Topf mit Wasser erhitzen. Die Hotdog-Buns aufschneiden, toasten und mit jeweils einem Würstchen sowie Remoulade, Gurkenscheiben, Röstzwiebeln, Ketchup und Senf belegen.

»Färöerinseln« bedeutet »Schafsinseln« und auf 50 000 Bewohner kommen ganze 80 000 der zottligen Tiere.

Färöerinseln

Die färöische Küche ist sicherlich kein Grund für eine Reise auf die Färöer. Infolge des Klimas wachsen und gedeihen auf den Inseln nur wenige Gemüsesorten, Obst hingegen gar nicht. Fisch und Schafsfleisch wird noch heute wie eh und je im *hjallu* (einem luftdurchlässigen Schuppen) getrocknet und haltbar gemacht. Der strenge Geschmack des fermentierten Fleisches und Fisches ist für die meisten Nichtinsulaner jedoch mehr als gewöhnungsbedürtig.

Weitaus spektakulärer als die Küche der Färöer ist die Landschaft. Pittoresk liegt beispielsweise Saksun im Norden der Hauptinsel Streymoy und gilt mit seinen traditionellen Steinhäusern und den grünen Grasdächern als eines der schönsten Dörfer auf den Inseln. Ein Wanderweg führt von Saksun in das beschauliche kleine Dorf Tjørnuvík. Touristisch unerschlossen und abgeschieden von der Außenwelt fristet dieses Dorf ein Dasein im Dornröschenschlaf. Einzig die lokalen Surfer tummeln sich hier im Sommer am Strand, von welchem man einen traumhaften Ausblick auf die beiden Felstürme Risin und Kellingin genießt. Wassertemperaturen von maximal 11 °C, selbst im August, muss man allerdings mögen. Ein echter Geheimtipp ist der kleine Laden – es gibt nur einen – im Ort. Dort gibt es wunderschöne färöische Strickpullover zu kaufen. Handgemacht natürlich, und sie halten bei Durchschnittstemperaturen von 6,5 °C herrlich warm.

Nur wenige Kilometer von Tjørnuvík findet sich der Ausgangspunkt zur Wanderung zum Fossá, dem höchsten Wasserfall der Färöer. Spektakuläre Fotomotive bilden auch der Mulafossur-Wasserfall bei Gásadalur und der Bøsdalafossur, der sich vom Leitisvatn, dem größten Binnensee des Landes, in den Atlantik ergießt. Ebenfalls sehenswert ist Kirkjubøur mit der Ruine der Magnuskathedrale und der Olavskirche, der ältesten Kirche der Färöerinseln. Zauberhaft ist die Wanderung zu den Vogelklippen oberhalb von Gjógv an der äußersten Nordostspitze von Eysturoy. Abends lassen sich hier die Papageientaucher beobachten und die bunten Häuser von Gjógv leuchten herrlich im letzten Licht, bevor die Sonne untergeht. Mit den ersten Sonnenstrahlen lohnt es sich, auf dem Slættaratindur, dem höchsten Berg der Färöer, zu sein. Von dort oben genießt man einen traumhaften Ausblick auf die Fjordlandschaft. Mein persönliches Highlight war jedoch die Wanderung von Trøllanes zum Leuchtturm auf dem Bergrücken Kallur auf der Insel Kalsoy, der Männerinsel. Nichts als Ruhe – einzig die Schafe unterbrechen diese ab und an mit ihrem Blöken – und atemberaubende Panoramablicke finden sich dort oben. Mein Insidertipp ist der kleine Leynavatn-See. Hier kann man die einheimischen Fischer bei der Arbeit beobachten und idyllisch liegt das Zweisternerestaurant »KOKS« direkt am See – das wohl entlegenste Sterncrestaurant der Welt.

Windgetrockneter Kabeljau ist eine Spezialität der Färinger.

Die zauberhafte Steinkirche von Haldórsvík, die einzige achteckige Kirche auf den Färöerinseln.

Nur bei Ebbe kann man die Lagune unterhalb des malerischen Dorfes Saksun erkunden.

Die Küche der Färöer hat sich über die Jahrhunderte unter den unwirtlichen Bedingungen des Archipels im Nordatlantik entwickelt. Daher kommt auf den Färöerinseln fast alles, was man isst, aus dem Meer: Fisch, vor allem Hering, Lachs und Kabeljau, aber auch Grindwal. Daneben findet man vor allem Seevögel wie den Papageientaucher und Lammfleisch auf dem Teller. Fast alles wird vor dem Verzehr geräuchert, fermentiert oder getrocknet. Gemüse ist auf den Inseln aufgrund der kargen Landschaft knapp. Neben Getreide, Kartoffeln und Steckrüben wird eigentlich nur färöischer Rhabarber angebaut. Alles andere muss importiert werden und ist unglaublich teuer. So wundert es denn auch nicht, dass in die typisch färöische *fiskasuppa* Pfirsiche aus der Dose kommen – warum überhaupt Pfirsiche, habe ich bis heute nicht ergründet.

Fiskasuppa

Färöische Fischsuppe

Für 4 Personen

Für die Suppe

1 Zwiebel
1 Knoblauchzehe
1 Karotte
½ Stange Lauch
2 EL Butter
2 TL Currypulver
500 ml Fischfond
1 kleine Dose Tomatenwürfel (ca. 400 g)
½ TL Chilipulver
600 g Fischfilet (z. B. Lachs, Kabeljau, Scholle)
1 kleine Dose Pfirsiche (ca. 400 g)
200 g flüssige Sahne
150 g Garnelen
Salz
frisch gemahlener schwarzer Pfeffer

Zum Anrichten

gehackte frische Petersilie

Die Zwiebel und den Knoblauch abziehen, die Karotte schälen und alles klein würfeln. Den Lauch in feine Ringe schneiden.

Die Butter in einem großen Topf bei mittlerer Temperatur erhitzen. Die Zwiebeln und das Currypulver hinzufügen und anschwitzen. Das restliche Gemüse zugeben und ebenfalls anschwitzen. Anschließend mit dem Fischfond ablöschen. Danach die Tomaten und das Chilipulver zufügen. Die Suppe bei niedriger Temperatur 15 Minuten köcheln lassen.

Die Pfirsiche in ein Sieb abgießen, abtropfen, würfeln und zusammen mit der Sahne zur Suppe geben. Diese nun mit Salz und Pfeffer abschmecken. Den Fisch in mundgerechte Stücke schneiden, zur Suppe geben und einige Minuten gar ziehen lassen. Zu guter Letzt die Garnelen vorsichtig untermengen.

Die heiße Suppe auf tiefe Teller oder Suppenschalen verteilen und mit Petersilie bestreut servieren.

In Schweden isst man in der Kaffeepause Zimtschnecken. In Finnland gibt es keine Kaffeepause ohne *karjalanpiirakka*, eine Pirogge, gefüllt mit Milchreis und on top Eibutter. »Karjalanpiirakka« bedeutet wörtlich übersetzt »karelische Pirogge«, benannt nach der historischen Landschaft Karelien, aus der die Piroggen ursprünglich stammen. Einst wurden sie dort vor allem mit Graupen, Kartoffeln oder Buchweizen gefüllt, da diese Zutaten günstig waren. Die Füllung mit Milchreis wurde erst später populär, ist heute jedoch der absolute Klassiker. Die karelischen Piroggen sind mittlerweile in ganz Finnland verbreitet. Gekostet habe ich sie das erste Mal an einem der Stände in der Vanha Kauppahalli, der ältesten Markthalle von Helsinki. Etwas gewöhnungsbedürftig ist diese Pirogge, aber verdammt lecker und sie macht pappsatt.

Karjalanpiirakka

Karelische Pirogge

Für 25 Stück

Für die Füllung

250 g Milchreis
850 ml frische Vollmilch
2 TL Salz
2 EL Butter
1 Ei

Für den Teig

400 g Roggenvollkornmehl
100 g Weizenmehl (Type 405) plus etwas mehr zum Arbeiten
1 TL Salz

Für das Topping

150 ml frische Vollmilch
100 g Butter

Für die munavoi (Eibutter)

3 Eier
100 g weiche Butter
Salz

Zum Anrichten

½ Bund frischer Dill

Für die Füllung den Reis mit 200 ml Wasser in einem großen Topf aufkochen. Bei niedriger Temperatur köcheln lassen, bis das Wasser komplett aufgesogen ist. Anschließend die Milch unterrühren und den Milchreis etwa 45 Minuten weiterköcheln lassen, bis der Reis auch die Milch komplett aufgenommen hat. Gelegentlich umrühren. Zuletzt das Salz und die Butter zugeben und gut vermengen. Den Reis abkühlen lassen, dann das Ei untermischen. Für den Teig das Roggenvollkornmehl, das Weizenmehl und das Salz mit 220 ml Wasser zu einem glatten, festen Teig verkneten. Dann eine Rolle mit einem Durchmesser von 5 cm formen und diese in 25 Scheiben schneiden. Diese auf einer bemehlten Arbeitsfläche zu hauchdünnen Kreisen ausrollen.

Darauf jeweils 1 EL Milchreis verteilen. Die Seiten der Teigkreise zur Mitte hin einschlagen und mit Daumen und Zeigefinger zusammendrücken. Die Teiglinge im vorgeheizten Backofen bei 250 °C Umluft etwa 20 Minuten backen. Anschließend aus dem Ofen nehmen und kurz abkühlen lassen. Inzwischen für das Topping die Milch in einem kleinen Topf aufkochen und die Butter darin schmelzen. Die lauwarmen Piroggen mit dieser Milch-Butter-Mischung bestreichen. Dann abgedeckt auskühlen lassen.

Für die Eibutter in der Zwischenzeit die Eier hart kochen. Anschließend pellen, klein würfeln, mit der Butter vermischen und mit Salz abschmecken. Die *piirakka* mit der Eibutter bestreichen und mit gehacktem Dill bestreut servieren.

Die estnische Küche basiert im Wesentlichen auf Schweinefleisch, Kartoffeln und Roggenbrot sowie Fisch in den Küstengebieten. Bier und Wodka gelten als Grundnahrungsmittel. Darüber hinaus finden sich in der estnischen Küche viele Einflüsse aus den umliegenden Ländern: Skandinavien, Russland, Lettland, Litauen, aber auch Deutschland. Der Ursprung des Nationalgerichts *rosolje* liegt wohl in Russland. Klassisch wird der Heringssalat als erster Gang zusammen mit anderen kalten Gerichten, wie Würstchen, Kartoffelsalat, kaltem Braten, geräuchertem Aal und sauren Gurken, serviert.

Rosolje

Heringssalat aus Estland

Für 2 Personen

Für den Salat

6 Matjesfilets
1 Zwiebel
300 g vorgekochte festkochende Kartoffeln
1 säuerlicher Apfel (z. B. Elstar)
1 Knolle vorgekochte Rote Bete
4 kleine Gewürzgurken

Für das Dressing

1 EL körniger Senf
2 EL Wodka
1 EL Weißweinessig
150 g flüssige Sahne
3 EL Sauerrahm
½ Bund Dill
Salz
frisch gemahlener schwarzer Pfeffer

Zum Anrichten

1 hart gekochtes Ei

Für den Salat die Matjesfilets in Streifen schneiden. Die Zwiebel abziehen und fein würfeln. Die Kartoffeln pellen, den Apfel schälen und vom Kerngehäuse befreien. Die Kartoffeln, den Apfel, die Rote Bete und die Gewürzgurken würfeln. Die Zutaten in einer Schüssel vermischen.

Für das Dressing den Senf, den Wodka, den Essig, die Sahne und den Sauerrahm miteinander verrühren. Die Dillspitzen fein hacken und hinzufügen. Das Dressing zu den Zutaten in die Schüssel geben und untermischen. Den Heringssalat mit Salz und Pfeffer abschmecken und im Kühlschrank etwa 2 Stunden durchziehen lassen.

Den Heringssalat mit dem in Scheiben geschnittenen Ei auf Tellern anrichten. Dazu reicht man in Estland Roggenbrot und Wodka. Letzterer darf auf keinen Fall fehlen!

Saksun auf der Insel Streymoy gilt, aufgrund seiner pittoresken Lage und der traditionellen Grasdach-Häuser, als schönstes Dorf der Färöerinseln.

Der Klong La' Mayom Floating Market im Distrikt Taling Chan ist einer der letzten traditionellen schwimmenden Märkte in Bangkok und noch immer ein echter Geheimtipp.

Asien

Ein kulinarischer Roadtrip vom Heiligen Land in die zentraljapanische Region Chūbu.

Am Sarona Market in Tel Aviv gibt es mehr als 40 Food Stalls, Weinbars und auch Craft Beer Bars.

Israel

Dieses Meer an frischen Zutaten auf den Märkten in Tel Aviv und Jerusalem! Berge an frischen Artischocken und Datteln, sonnengereiften Tomaten, Chilis, Auberginen und saftigen Granatäpfeln türmen sich an den Ständen. Daneben Hülsenfrüchte und herrlich duftende Gewürze, wie Kreuzkümmel, Kardamom, Zimt und Anis und natürlich Tahini, die beliebte Sesampaste und Grundzutat vieler israelischer Gerichte. Diese Farben, dieser Duft – an wenigen Orten dieser Welt erlebt man ein solches Feuerwerk für die Sinne. Israel ist wahrlich ein Paradies für jeden Genießer.

Die einzig wahre israelische Küche gibt es nicht. Israel ist ein Einwandererland, ganze 60 Nationen leben hier zusammen. So wundert es dann auch nicht, dass die israelische Küche durch Kultur und Traditionen der Einwanderer geprägt und daher unglaublich vielfältig ist. Man findet somit libanesische, irakische, arabische, mediterrane und palästinensische Einflüsse in der israelischen Küche.

Auch die jüdische Küche prägt natürlich die Kulinarik Israels. Wobei auch diese sowohl traditionelle Gerichte aus der Region umfasst als auch Gerichte, welche die Juden aus der Diaspora mitgebracht haben. Die Zubereitung wird dabei bestimmt von den Speisegesetzen, welche die jüdische Küche prägen, und die verwendeten Lebensmittel müssen koscher sein. So ist Geflügel beispielsweise erlaubt. Lamm und Rindfleisch nur, wenn es geschächtet wird, heißt, wenn die Tiere ohne Betäubung rituell geschlachtet werden. Schweinefleisch ist dagegen nicht koscher, Meerestiere nur dann, wenn sie Flossen und Schuppen haben. Darüber hinaus findet in der traditionellen jüdischen Küche eine strikte Trennung von Fleisch und Milchprodukten statt. Neutrale Lebensmittel wie Gemüse, Obst, Eier und Getreide dürfen dagegen ausnahmslos gegessen werden.

Den besten Hummus des Landes gibt's bei »Hummus Magen David« am Carmel Market in Tel Aviv.

Jaffa ist der älteste Stadtteil von Tel Aviv und besitzt mit dem Old Jaffa Fort einen der ältesten Häfen der Welt.

In den Gassen von Jaffa kann man schon mal die Zeit vergessen.

Der Carmel Market gilt als einer der schönsten Märkte von Tel Aviv und an jeder Ecke duftet es herrlich nach feinem Gebäck, Gewürzen und anderen Köstlichkeiten.

Falafeln kommen ursprünglich wohl aus Ägypten, wo man die frittierten Kichererbsenbällchen unter dem Namen »Tamija« kennt. Als fleischloses Gericht wurden sie dort von christlichen Kopten während der Fastenzeit zubereitet. Doch auch der Libanon und Palästina gelten als Geburtsländer der Falafel. Genau weiß man es nicht. Heute findet man die Kichererbsenbällchen in den Küchen des kompletten Nahen und Mittleren Ostens, selbst in Nordafrika. In Israel sind Falafeln und *shakshuka* (pochierte Eier in Tomatensauce) Nationalgerichte und aus Tel Aviv kommt daher auch dieses Rezept.

Falafeln

Frittierte Kichererbsenbällchen mit Tahinisauce

Für etwa 15 Falafeln

Für die Falafeln

200 g getrocknete Kichererbsen
½ Zwiebel
1 Zehe Knoblauch
2 EL gehackte frische Petersilie
2 EL gehackter frischer Koriander
1 TL Salz
½ TL mildes Chilipulver
1 TL gemahlener Kreuzkümmel
1 TL Backpulver
4 EL Weizenmehl (Type 405)
1 l neutrales Pflanzenöl zum Frittieren

Für die Tahinisauce

2 Zehen Knoblauch
120 ml Tahini (Sesampaste)
½ TL gemahlener Kreuzkümmel
½ TL Cayennepfeffer
½ TL Salz
2 EL Zitronensaft

Zur Vorbereitung die Kichererbsen in einer großen Schüssel mit Wasser bedecken. Das Wasser sollte etwa 2 cm über den Kichererbsen stehen. Mindestens 12 Stunden abgedeckt einweichen. Anschließend abgießen und abtropfen lassen.

Für die Falafeln die ½ Zwiebel und den Knoblauch abziehen und grob hacken. Zusammen mit den abgetropften Kichererbsen in einem Food Processor zerkleinern. Dann die Petersilie, den Koriander, das Salz, das Chili- und das Kreuzkümmelpulver zugeben. Erneut zerkleinern, aber nicht pürieren. Nun das Backpulver und das Mehl untermischen und die Falafelmasse anschließend im Kühlschrank mindestens 2 Stunden abgedeckt ziehen lassen. Dann das Öl in einem großen Topf erhitzen. In der Zwischenzeit aus der Falafelmasse etwa walnussgroße Bällchen formen. Diese portionsweise im heißen Öl frittieren und anschließend auf Küchenpapier gut abtropfen lassen.

Für die Tahinisauce den Knoblauch abziehen und fein hacken. Dann mit der Sesampaste vermischen. Anschließend die Gewürze zugeben und 4 EL Wasser untermischen. Die Sauce mit dem Zitronensaft abschmecken.

Die Falafeln auf einer Platte zusammen mit der Tahinisauce anrichten. Alternativ kann man auch Pita-Brote mit den Falafeln sowie Zwiebel-, Tomaten- und Paprikawürfeln füllen und die Tahinisauce darüberträufeln.

Hummus zählt ebenfalls zu den israelischen Nationalspeisen. Den wohl besten Hummus des Landes findet man bei »Hummus Magen David« am Carmel Market in Tel Aviv. Gebetsbänke dienen als Sitzgelegenheit, auch der Davidstern über dem Eingang zeugt noch heute davon, dass sich das Restaurant in einer ehemaligen Synagoge befindet. Die Speisekarte ist übersichtlich. Es gibt Hummus, Hummus und Hummus in verschiedensten Varianten. Ganz klassisch ist das folgende Rezept – ohne Schnickschnack, aber verdammt lecker.

Hummus

Kichererbsencreme

Für 6–8 Personen

Für den Hummus

250 g getrocknete Kichererbsen
1 TL Natron
200 g Tahini (Sesampaste)
Saft von 1 Zitrone
2 Zehen Knoblauch
Salz

Zum Anrichten

rosenscharfes Paprikapulver
Olivenöl
2 EL gehackte frische Petersilie

Zur Vorbereitung die Kichererbsen in einer großen Schüssel mit Wasser bedecken. Das Wasser sollte etwa 2 cm über den Kichererbsen stehen. Mindestens 12 Stunden abgedeckt einweichen. Anschließend abgießen und abtropfen lassen. Die abgetropften Kichererbsen mit dem Natron in einen Topf geben und bei hoher Temperatur unter Rühren einige Minuten kochen. Dann 1,5 l Wasser zugeben und aufkochen. Die Kichererbsen darin in 30–40 Minuten weich garen. Dabei den Schaum und die Schalen auf der Oberfläche immer wieder abschöpfen. Die Kichererbsen anschließend in einem Sieb gut abtropfen lassen.

1 EL Kichererbsen für die Dekoration beiseitelegen, den Rest mit einem Stabmixer pürieren. Anschließend das Tahini, etwas Zitronensaft, die geschälten Knoblauchzehen und 1 Prise Salz untermixen. Zu guter Letzt 7 EL eiskaltes Wasser hinzufügen und etwa 5 Minuten weitermixen, bis die Kichererbsenpaste schön cremig, fluffig und weiß ist. Gegebenenfalls mehr Wasser hinzufügen. Erneut mit Zitronensaft und Salz abschmecken. Den Hummus im Kühlschrank 30 Minuten ziehen lassen. Zum Anrichten den Hummus in eine Schüssel geben, mit einem Löffel eine Kuhle ziehen. Das Paprikapulver und einen großen Schuss Olivenöl in die Kuhle geben. Einige Kichererbsen und die gehackte Petersilie darüberstreuen. Den Hummus mit Fladenbrot servieren.

Tipp: Den fertigen Hummus kann man im Kühlschrank bis zu 3 Tage aufbewahren.

Die Hagia Sophia, Wahrzeichen von Istanbul, einst Kirche, dann Moschee, Museum und heute wieder Moschee.

Türkei

Als kleines Kind reiste ich mit meinen Eltern häufiger in die Türkei und schon damals mochte ich die türkische Küche sehr. Ich liebte den köstlichen türkischen Apfeltee, *maraş dondurması* (Eis aus Ziegen- und Kuhmilch, *mastix* – Harz vom Mastixbaum – und *salep* – Stärke, die sich zieht wie Kaugummi), Baklava und *simit* (Sesamkringel). Auch Köfte und Adana Kebap mundeten damals schon.

Das hat sich bis heute nicht geändert, im Gegenteil. Die türkische Küche zählt für mich zu den besten der Welt. In der türkischen Küche finden sich sowohl osmanische als auch nomadische Kochtraditionen der Turkvölker aus der Mongolei, die sich mit der indischen, persischen, kurdischen, orientalischen sowie der islamisch-arabischen Küche verbunden haben. Dadurch ist die türkische Küche vielfältig wie vielleicht keine andere. Schlecht gegessen habe ich in der Türkei noch nirgends, mein ganz persönliches Highlight ist und bleibt jedoch Istanbul. Die Stadt zählt für mich zu den schönsten der Welt und lässt mein Foodie-Herz höherhüpfen. Der Tag beginnt hier für mich immer in einem der Istanbuler Cafés, wie zum Beispiel dem »Nam Port Café & Restaurant« im Viertel Karaköy, wo sich Brot, Käse, Oliven, Eierspeisen, Salate und Suppen in kleinen Schälchen und Pfännchen zum Frühstück am Tisch stapeln. Dazu darf *cay*, der türkische Tee, natürlich nicht fehlen.

Als Snack zwischendurch isst man in Istanbul Kastanien, Maiskolben, *midye dolma* (mit Reis, Zimt, Pinienkernen, Dill, Minze, Knoblauch und Tomaten gefüllte Miesmuscheln) oder *balik ekmek* (Baguette mit knusprig gebratener Makrele, Zwiebeln, Salat, Tomaten und sauer eingelegtem Blaukraut) von den Ständen und Schiffen an der Galatabrücke, köstliche Baklava von »Mado« oder »Hafiz Mustafa« oder *lokum* (würfelförmige Häppchen aus Zucker, Honig, Stärke, sowie Nüssen oder Trockenfrüchten) von »Üc Yildiz«.

Abends hat man in Istanbul dann die Qual der Wahl: Den besten Kebab der Stadt gibt's laut den Einheimischen im »Kristal Ocakbaşı«. Eine fantastische Auswahl an *meze* (türkischen Appetithappen) und frischem Fisch findet man im »Lipsos« in der Restaurantmeile Nevizade nahe dem Taksim-Platz. Zum Essen bestellt man hier wie die Locals am besten eine Flasche Raki (Anisschnaps), den man mit eiskaltem Wasser verdünnt trinkt. Zum Abschluss des Abends sollte man sich dann noch ein leckeres Dessert in einem der Puddingläden, genannt *muhallebici*, gönnen. Ganz besonders lecker sind überbackener *sütlac* (karamellisierter Milchreis), *künefe* (Engelshaarpastete mit Käse und Sirup) und *tavuk göğüsü* (Vanille-Pudding mit Hühnerfleisch) im »Saray Muhallebicisi« in Beyoglu.

Auf dem Ägyptischen Basar gibt es neben herrlich duftenden orientalischen Gewürzen auch Oliven, eingelegtes Gemüse, Trockenfrüchte und Kräuter.

In den Straßen rund um den Ägyptischen Basar findet man die Teppichhändler der Stadt.

Menemen ist eine türkische Eierspeise, benannt nach dem gleichnamigen Stadtteil in Izmir. Man sagt, kretische Flüchtlinge hätten das Gericht einst in die Türkei gebracht. Heute verzehrt man *menemen* in der gesamten Türkei gerne zum Frühstück; aber auch als schnelles Mittag- oder Abendessen ist es unter Türken sehr beliebt. Also kann man *menemen* eigentlich zu jeder Tages- und Nachtzeit zu sich nehmen. Doch gibt es nichts Schöneres, als sonntags in einem der unzähligen Frühstückscafés in Istanbul zu sitzen, die Einheimischen an den umliegenden Tischen zu beobachten und sich über die kleinen Schälchen mit Gurken, Tomaten, Feta und Oliven, über Börek, Pfannkuchen, *simit* (türkische Sesamkringel) mit Butter und Honig sowie eben *menemen* herzumachen. Das Sonntagsfrühstück ist Teil der türkischen Kultur. Man isst nicht einfach nur, sondern man trifft sich mit Familie und Freunden, es wird gequatscht und gelacht, und das gerne auch mal über Stunden.

Menemen

Türkisches Bauernfrühstück

Für 1–2 Personen

1 kleine Zwiebel
1 Zehe Knoblauch
1 grüne Spitzpaprika
2 Lauchzwiebeln
2 EL Olivenöl
1 kleine Dose gewürfelte Tomaten (ca. 400 g)
Salz
2 Eier

Zum Anrichten

frisch gemahlener schwarzer Pfeffer
1 Lauchzwiebel, in Ringe geschnitten
80 g beyaz peynir *(fetaähnlicher Weichkäse, im türkischen Supermarkt erhältlich)*

Die Zwiebel und den Knoblauch abziehen und fein würfeln. Die Spitzpaprika ebenfalls würfeln. Die Lauchzwiebeln in dünne Ringe schneiden.

Das Olivenöl bei mittlerer Temperatur in einer Pfanne erhitzen. Die Zwiebel-, Knoblauch- und Paprikawürfel darin anschwitzen. Anschließend die Lauchzwiebeln und die gewürfelten Tomaten hinzufügen. Die Tomatensauce unter Rühren etwa 15 Minuten köcheln lassen. Zum Schluss mit Salz abschmecken.

Mit einem Löffel vier Löcher in die Tomatensauce »graben«. Die Eier aufschlagen und in die Löcher geben. Etwa 10 Minuten köcheln lassen, bis die Eier gestockt sind und das Eigelb die gewünschte Konsistenz erreicht hat.

Menemen wird direkt in der Pfanne serviert. Etwas frisch gemahlenen Pfeffer darübergeben und die in Ringe geschnittene Lauchzwiebel darüberstreuen. Zu guter Letzt den Käse darüberkrümeln. Zum Aufsaugen der Sauce reicht man frisches Fladenbrot oder *simit.*

In der Türkei kennt man die Engelshaarpastete unter dem Namen *künefe*, in der restlichen arabischen Welt auch als *kunafa, kanafa, kanafeh, kunafeh* oder *knafeh*. Der Ursprung der warmen Süßspeise mit Engelshaarteigfäden und Käse liegt vermutlich in der palästinensischen Stadt Nablus, heute zählt sie jedoch in der gesamten Levante zu den beliebtesten Desserts. Das erste Mal aß ich diesen orientalischen, zugleich süßen und salzigen Traum bei »Hafiz Mustafa« am Sultanahmet-Platz in Istanbul, der besten Adresse der Stadt für Turkish Delight. Schälchen mit Pudding, *lokum*-Pyramiden und eine gigantische Auswahl an Baklava finden sich in der Auslage – die lassen das Herz jeder Naschkatze höherschlagen – und daran vorbeizugehen, ohne etwas zu kosten, ist einfach unmöglich.

Künefe

Orientalische Engelshaarpastete mit Käse und Sirup

Für 4 Personen

Für den Sirup

300 g Zucker
Saft und Abrieb von ½ Bio-Orange
Mark von 1 Vanilleschote

Für die Pasteten

300 g dil peyniri *(eine Art Filata-Käse)*
150 g taze kaymak *(Schichtrahm)*
300 g tel kadayıf *(Engelshaar)*
150 g zerlassene Butter

Zum Anrichten

150 g taze kaymak *(Schichtrahm)*
100 g gehackte antep fistiği *(ungesalzene Antep-Pistazien)*

Außerdem

Künefe *wird traditionell in speziellen* künefe*-Alutellern zubereitet. Alternativ ein Pizzablech (Ø 26 cm) verwenden.*

Für den Sirup zunächst den Zucker mit 600 ml Wasser in einen Topf geben und aufkochen. Den Zuckersirup bei mittlerer Temperatur köcheln lassen, bis er auf die Hälfte reduziert ist. Den Topf vom Herd nehmen. Den Orangensaft, -abrieb und das Vanillemark einrühren. Den Sirup abkühlen lassen.

Für die Pasteten den *dil peyniri* würfeln und mit dem *taze kaymak* vermischen. Die Engelshaarteigfäden mit einer Schere in etwa 2 cm lange Fäden schneiden und etwas auseinanderziehen. Die Teigfäden mit der zerlassenen Butter vermischen. Die Hälfte davon auf vier *künefe*-Aluteller verteilen und etwas andrücken. Anschließend die Käsefüllung gleichmäßig darüber verteilen. Die restlichen Teigfäden daraufschichten und leicht andrücken. Die *künefe* im vorgeheizten Backofen bei 180 °C Umluft auf der mittleren Schiene 25 Minuten goldbraun backen.

Nun den lauwarmen Sirup über die heißen *künefe* gießen und etwas warten, bis der Sirup gut in den Teig eingezogen ist.

Die *künefe* mit dem *kaymak* und den gehackten Pistazien garnieren und warm auf den Alutellern servieren. In der Türkei isst man *künefe* sowohl als Kuchen am Nachmittag als auch als Dessert.

Die kleine Nachbarschaft Koh Sarn Chao liegt mitten in Bangkok, aber es ist, als würde man in eine andere Welt eintauchen.

Thailand

Dieser Duft, der in den Straßen Thailands liegt, es riecht nach Essen. Immer und überall. Sodass einem ständig das Wasser im Mund zusammenläuft. Kleine Garküchen und Stände mit süßen Leckereien sind nie weit. Thailand ist der Inbegriff guten Streetfoods und die lokalen schwimmenden Märkte sind für mich das Paradies – das Foodie-Paradies.

Der Damnoen Saduak Floating Market zählt zu den bekanntesten im ganzen Land. Der Klong Lad Mayom Floating Market in Bangkoks Taling Chan District ist hingegen noch ein echter Geheimtipp. Mitten in Bangkok liegt er und doch in einer anderen Welt: im Dschungel auf der anderen Seite des Chao Phraya River, fernab der gigantischen Hochhäuser und der Glitzerwelten der Shoppingmalls, abseits der ausgetretenen Touristenpfade. Es duftet nach scharfen Currys, *pad thai*, meinem thailändischen Lieblingsdessert *kanom krok* und nach *sang kaya fug tong* – gedünsteten Kürbissen gefüllt mit Kokospudding. Eine breit grinsende Thailänderin bereitet *hor mok pla* zu, eine Art Fischpudding, der im Bananenblatt gegart wird. Gleich daneben verkauft eine zauberhafte ältere Dame direkt aus ihrem Longtailboot heraus frisch frittierte *fish cakes*. *Mango sticky rice* gibt es natürlich auch und der geht immer, auch wenn man längst satt ist. Den Durst löscht man mit frischen Kokosnüssen, Kokos-Smoothies oder frisch gepresstem Jackfruitsaft.

Khanom tian – Pyramiden aus Tapioka und Kokos in Bananenblättern.

Saté, gegrillte Hähnchenspieße, sind das thailändische Streetfood schlechthin.

Jeder, der schon mal in Thailand war, kennt *pad thai*. Doch die Wurzeln dieses Gerichts liegen eigentlich in China, wo es mit Weizennudeln zubereitet wurde. 1939 wurde das bis dahin Siam genannte Thailand umbenannt, die Nationalisierungskampagne wirkte sich auch auf thailändische Essgewohnheiten aus. Chinesische Weizennudeln wurden verbannt, ab sofort gab es nur noch thailändische Reisnudeln. Die chinesische Art der Zubereitung blieb jedoch erhalten, aber man fügte dem Gericht noch thailändische Gewürze hinzu. So war das Nationalgericht geboren, das den neuen Namen des Landes führte. Das »pad« im Namen bedeutet nichts anderes als »gebraten«. Heute findet man *pad thai* in jedem Restaurant und jeder Garküche des Landes, ob vegetarisch, mit Garnelen oder Huhn. Ein wenig Übung erfordert die Zubereitung, damit es so schmeckt wie in Thailand. Eine Kunst für sich ist es, dass die Nudeln nicht matschig werden. Mit dem folgenden Rezept von meinem Bekannten Mon aus Koh Lanta geht's aber ganz einfach.

Pad Thai

Gebratene thailändische Nudeln mit Hühnerfleisch

Für 2 Personen

Für die Sauce

1 EL Tamarindenmark
2 EL Kokosblütenzucker
1 TL Chilipulver
3 EL Fischsauce plus etwas mehr zum Abschmecken

Für die Nudeln

140 g Reisbandnudeln
1 kleine Schalotte
1 Knoblauchzehe
1 Ei
250 g Hühnerbrustfilet
2 EL geröstete, ungesalzene Erdnüsse
3 EL Sesamöl
1 TL thailändische Garnelenpaste
1 Handvoll Sojasprossen
frisch gemahlener weißer Pfeffer

Zum Anrichten

2 thailändische Lauchzwiebeln
grobes Chilipulver
3 EL geröstete, ungesalzene Erdnüsse
1 Limette, in Achtel geschnitten

Für die Sauce 70 ml Wasser in einem Topf erhitzen und das Tamarindenmark darin auflösen. Dann die restlichen Zutaten einrühren. Die Sauce abschmecken und beiseitestellen.

Die Reisbandnudeln nach Packungsangabe bissfest garen. Die Schalotte und den Knoblauch abziehen und fein würfeln. Das Ei verquirlen. Das Hühnerbrustfilet in mundgerechte Stücke schneiden. Die Erdnüsse grob hacken.

2 EL Sesamöl in einem Wok bei mittlerer Temperatur erhitzen. Das Hühnchen von allen Seiten darin anbraten. Den Knoblauch und die Schalotte hinzufügen und glasig anschwitzen. Dann die Garnelenpaste zugeben und anrösten. Anschließend die Nudeln und die Hälfte der Sauce in den Wok geben und 1 Minute schwenken.

Die Nudeln etwas zur Seite schieben. Das restliche Öl erhitzen und darin das Rührei braten. Anschließend das Ei vorsichtig unter die Nudeln mischen. Zu guter Letzt die Sojasprossen, die Erdnüsse und die restliche Sauce unterheben. Das *pad thai* mit Pfeffer und Fischsauce abschmecken.

Zum Anrichten die Lauchzwiebeln in 2 cm lange Stücke schneiden und die Erdnüsse grob hacken. Das *pad thai* auf Teller verteilen. Die Lauchzwiebeln darüberstreuen. Die Limettenachtel, die Erdnüsse und das Chilipulver dazureichen.

Laut thailändischer Überlieferung gab es vor langer Zeit in einem kleinen Dorf einen Mann namens Gati (Kokoscreme). Er verliebte sich in Pang (Mehl), das schönste Mädchen im Dorf. An Loi Krathong (Lichterfest) versprachen sie sich ewige Liebe. Doch der Vater von Pang wollte Gati nicht zum Schwiegersohn und ließ auf dem Weg von Gatis zu Pangs Haus Fallgruben ausheben. Jedoch passierte es, dass Gati und Pang gemeinsam hineinfielen und eng umschlungen starben. Nach dieser traurigen Nachricht begannen die Dorfbewohner ein Dessert aus Kokoscreme und Mehl zu kochen. Sie stellten es in einer Pfanne mit runden Vertiefungen her, fügten immer zwei Hälften zusammen als Symbol für Gati und Pang und nannten es *kanom kon rak gan*, was so viel wie »Dessert der Liebe« bedeutet.
Später wurde daraus kurz *kanom krok*.

Kanom Krok

Kokosreis-Pfannküchlein

Für 4 Personen

Für den Hauptteig
100 g Reismehl
120 ml Kokosmilch
½ EL Klebreismehl

Für den Puddingteig
120 ml Kokosmilch
100 g Rohrzucker
½ TL Salz

Für die Küchlein
Kokosöl zum Einfetten
1 kleine Dose Mais (ca. 150 g)
3 Thai-Lauchzwiebeln, in feine Ringe geschnitten

Außerdem
Poffertjes- oder Kanom-Krok-Pfanne

Die Zutaten für den Hauptteig mit 150 ml heißem Wasser zu einem Teig verquirlen.

In einer zweiten Schüssel die Zutaten für den Puddingteig gut miteinander vermischen.

Für die Küchlein die Poffertjes- oder Kanom-Krok-Pfanne bei mittlerer Temperatur erwärmen. Die Mulden mit Kokosöl einfetten, anschließend zu zwei Drittel mit dem Hauptteig füllen und diesen wenige Minuten ausbacken. Sobald der Teig fest wird das obere Drittel mit dem Puddingteig auffüllen. Einige Maiskörner oder Lauchzwiebelringe als Topping obenauf geben. Weiterbraten, bis die Ränder der *kanom krok* goldbraun und knusprig sind.

Die *kanom krok* sofort heiß servieren. In Thailand werden die zwei Hälften auch heute noch gerne zusammengefügt und als Kugel verkauft.

Sticky Rice mit Mango ist der Dessertklassiker aus Thailand. Jeder, der schon mal in dem südostasiatischen Land war, hat den süßen Klebreis sicherlich gegessen, denn diesen gibt es wirklich an jedem Garküchenstand, auf allen Nachtmärkten, aber auch in jedem Restaurant, Café und Hotel. Häufig wird er bereits zum Frühstück serviert. Den besten Klebreis mit Mango aller Zeiten habe ich im »Shanti Shanti Beach House« auf Koh Lanta mit Blick auf die Andamanensee und den kleinen Klong Toab Beach gegessen. Hier wird der Klebreis mit den Blüten der Blauen Klitorie eingefärbt und ist daher auch noch ziemlich hübsch anzusehen. Nicht fehlen darf in Thailand außerdem die *nam dok mai*, die herrlich duftende gelbe Mango, die extrem saftig, süß und faserfrei ist. Das folgende Rezept stammt wie auch das *pad thai* (siehe Seite 84) von meinem Bekannten Mon aus Koh Lanta.

Khao Neow Ma Muang

Klebreis mit Mango

Für 2–3 Personen

250 g Sticky Rice (Klebreis)
250 ml Kokosmilch
120 g Zucker
1 Prise Salz

Zum Anrichten
2 EL mung dal *(geschälte Mungobohnen)*
1–1 ½ Mangos

Zur Vorbereitung den Klebreis über Nacht in Wasser einweichen.

Am nächsten Tag abgießen und zusammen mit 180 ml frischem Wasser in einen Reiskocher geben und garen. (Alternativ nach Packungsangabe in einem normalen Topf zubereiten.)

Inzwischen die Kokosmilch in einem kleinen Topf bei niedriger Temperatur erwärmen. Den Zucker und das Salz hinzufügen und unter Rühren auflösen. Die Hälfte der Kokosmilch unter den Klebreis mischen.

Vor dem Servieren die *mung dal* in einer Pfanne ohne Öl goldbraun rösten.

Den Klebreis mit ½ Mango pro Person auf Tellern anrichten, die Mungobohnen darüberstreuen. Die restliche Kokosmilch in einem Schälchen dazureichen.

Neugierige kleine Wasserratte am Tonle Sap.

Kambodscha

Man sagt, die kambodschanische Küche gibt es gar nicht. Die Kambodschaner hätten sich diese einfach bei den Nachbarn Thailand, Laos und Vietnam zusammengeklaut. Tatsächlich ist die Küche der vier Länder sehr ähnlich. Die kambodschanische Küche ist jedoch weniger würzig und exotisch als die der Nachbarn und meist auch nicht besonders raffiniert angerichtet. Dennoch ist die Küche äußerst schmackhaft.

Am besten genießt man die kambodschanischen Gerichte an den Garküchen, zumindest außerhalb von touristischen Orten. Authentische kambodschanische Restaurants haben den Charme einer Bahnhofshalle und sind wirklich wenig einladend. Wobei das Essen auch hier zumeist gar nicht schlecht ist. Besonders amok ein Fishcurry der Khmer, schmeckt eigentlich überall, genauso wie das kambodschanische Nationalgericht *beef lok lak*. Köstlich ist auch der Bananenblütensalat, den es vielerorts als Vorspeise gibt. Die Khmer lieben außerdem ihre Snacks zwischendurch, ganz besonders frittierte Taranteln, Heuschrecken oder Ameisen. Weit weniger exotisch sind die ebenfalls beliebten *fish balls*. Hergestellt werden sie aus einer Fischpastete, für welche der Tausenddollarfisch verwendet wird. Diesen Speisefisch findet man ausschließlich in südostasiatischen Flüssen wie dem Mekong oder dem Chao Phraya und Süßwasserseen wie dem Tonle Sap nahe Siem Reap.

Der Tonle Sap, der größte See Südostasiens und eines der fischreichsten Binnengewässer der Erde, gilt als einer der wichtigsten Verkehrswege in Kambodscha.

Mitten im Tonle Sap steht das schwimmende Dorf Kompong Phluk auf schwindelerregend hohen Stelzen.

Pho geht immer: morgens, mittags und abends, zumindest in Hanoi. In Saigon isst man den Streetfood-Klassiker hingegen ausschließlich zum Frühstück. Doch das ist nicht der einzige Unterschied, auch die Zubereitung ist ein wenig anders. Vor dem Vietnamkrieg war die *pho* im Süden Vietnams eher unpopulär. Flüchtlinge brachten die Suppe aus dem kommunistischen Norden mit nach Saigon, wo das Rezept verändert und mit einigen Zutaten ergänzt wurde. So schmeckt die *pho bo saigon* im Gegensatz zu der Variante aus Hanoi wegen der Gewürznelken, Koriander- und Fenchelsamen süßer. Die Nudeln sind etwas dünner. Frische Mungobohnensprossen, Lauchzwiebeln, Basilikum, Koriander und Limette geben dem Gericht außerdem eine herrliche Frische. Chilis verleihen ihm die Extrawürze.

Pho Bo Saigon

Vietnamesische Nudelsuppe mit Rindfleisch

Für 4 Personen

Für etwa 6 l Rinderbrühe

1 kg Rinderknochen
1 Ochsenschwanz
500 g Suppenrindfleisch
5 Schalotten
100 g Ingwer
1 schwarze Kardamomkapsel, halbiert
1 TL getrocknete schwarze Pfefferkörner
2 Sternanis
4 Gewürznelken
1 TL Koriandersamen
1 TL Fenchelsamen
3 cm Zimtrinde
4 Kaffirlimettenblätter
2 Stängel Zitronengras
6 EL Fischsauce
1 EL brauner Zucker

Für die Rinderbrühe die Rinderknochen, den Ochsenschwanz und das Suppenrindfleisch in einen großen Topf mit 6 l kaltem Wasser geben. Bei hoher Temperatur aufkochen und den entstehenden Schaum abschöpfen. Sobald sich kein Schaum mehr bildet, die Temperatur reduzieren und die Brühe etwa 2 Stunden sanft weiterköcheln lassen.

Die Schalotten mit Schale halbieren, den Ingwer in große Stücke teilen und beides in einer Pfanne ohne Öl anrösten. Anschließend zur Rinderbrühe geben.

Nach der Garzeit das Suppenrindfleisch und den Ochsenschwanz aus der Brühe nehmen und beiseitestellen. Den Kardamom, den Pfeffer, den Sternanis, die Gewürznelken, die Koriander- und die Fenchelsamen sowie die Zimtrinde in einer Pfanne anrösten, bis die Gewürze herrlich duften. Die Gewürze mit den Kaffirlimettenblättern und dem Zitronengras zur Brühe geben und diese weitere 2 Stunden bei niedriger Temperatur köcheln lassen. Anschließend die Knochen und die Gewürze entfernen, die Rinderbrühe durch ein feines Sieb passieren und mit der Fischsauce und dem Zucker abschmecken.

Zum Anrichten

250 g dünne Reisnudeln

1 Bund Lauchzwiebeln

2 Vogelaugenchilis

200 g Mungobohnensprossen

1 Bund frischer Koriander

1 Bund frischer vietnamesischer Koriander

1 Bund frisches Thai-Basilikum

1 Bio-Limette, in Achtel geschnitten

Die Reisnudeln nach Packungsangabe garen. Die Lauchzwiebeln und die Chilis in feine Ringe schneiden. Das gekochte Fleisch in dünne Scheiben aufschneiden.

Die Nudeln in vorgewärmte Suppenschalen geben. Darauf jeweils das Fleisch, die Sprossen und die Lauchzwiebeln verteilen. Die Einlagen mit der kochend heißen Brühe aufgießen. Dazu reicht man die restlichen Lauchzwiebeln und Sprossen, die frischen Kräuter, die Chilis und die Limettenachtel.

Vietnam ist tatsächlich bekannt für französische Baguettes. Im 19. Jahrhundert brachten französische Missionare Spezialitäten wie süßes Gebäck, Fleischpasteten und eben Baguette mit nach Vietnam. Die französische Herrschaft in Indochina endete 1954, doch französische Spezialitäten sind noch immer beliebt, besonders das Baguette – genannt *bánh mì* –, das zu den beliebtesten Streetfood-Gerichten des Landes zählt. Mit einem Anteil Reismehl gebacken ist es allerdings etwas luftiger und nicht so knusprig wie das französische Pendant. Belegt wird es klassisch mit Rindfleisch, Hühnerfleisch oder eben wie hier mit Schweinebauch. Das Fleisch steht im Verhältnis zu knackigem Gemüse wie Rettich, Karotten oder Gurken immer 1:1. Auf keinen Fall fehlen dürfen außerdem die nước chấm (Würzsauce) und frische Kräuter. Vor allem Koriander, aber auch Thai-Basilikum und Minze sind beliebt.

Bánh Mì Thịt-Nguội

Vietnamesisches Baguette mit Schweinefleisch

Für 2 Baguettes

Für den thịt heo quay (knusprig gebratener Schweinebauch)

500 g Schweinebauch mit Schwarte
4 TL Salz
1 TL frisch gemahlener schwarzer Pfeffer
1 TL Fünf-Gewürze-Pulver
1 TL Knoblauchpulver
3 TL Honig
3 TL Sojasauce
3 TL Hoisinsauce
1 EL neutrales Pflanzenöl

Für die nước chấm(Würzsauce)

2 Zehen Knoblauch
2 cm frischer Ingwer
1 Chilischote
2 EL Zucker
4 EL Fischsauce
Saft von 1 Limette
frisch gemahlener schwarzer Pfeffer

Für den Schweinebauch Wasser aufkochen und vorsichtig über die Schwarte des Schweinebauchs gießen. Das Fleisch selbst darf dabei kein Wasser abbekommen. Die Schwarte trockentupfen und anschließend mit einem scharfen Messer in einem Abstand von 1 cm längs bis in die Fettschicht einschneiden. Den Bauch umdrehen und auf der Fleischseite ebenfalls einschneiden.

1 TL Salz mit den anderen Gewürzen sowie dem Honig, der Soja- und der Hoisinsauce vermischen und die Fleischseite des Schweinebauchs damit einreiben. Das Fleisch nun mit der Schwarte nach oben in eine feuerfeste Form legen und die Schwarte mit dem restlichen Salz einreiben. Etwa 1 Stunde ziehen lassen. Dann das Salz wieder herunterkratzen, die Schwarte mit einem feuchten Tuch abreiben und mit dem Öl einstreichen. Den Schweinebauch im vorgeheizten Backofen bei 175 °C Umluft etwa 1 Stunde garen. Kurz vor Ende der Garzeit den Grill auf höchster Stufe zuschalten, sodass die Schwarte schön knusprig aufgeht.

Inzwischen für die Dipsauce den Knoblauch abziehen, den Ingwer schälen und beides grob hacken. Die Chilischote ebenfalls grob hacken und alles in einem Mörser mit dem Zucker zu einer Paste zerstoßen. 8 EL Wasser hinzufügen und verrühren, sodass sich der Zucker auflöst. Anschließend die Fischsauce hinzufügen. Den Würzsauce mit Limettensaft und Pfeffer abschmecken.

Zum Anrichten

2 dicke Scheiben Lyoner Wurst
1 Bauerngurke
1 kleine Karotte
2 EL Weißweinessig
1 EL Zucker
2 kleine frische Baguettes
2 EL Schweinepastete
1 kleiner Bund frischer Koriander
2 EL Mayonnaise

Zum Schluss die Lyoner Wurst würfeln. Die Gurke als Julienne (streichholzartige Stifte) schneiden. Die Karotte raspeln und mit dem Essig und dem Zucker in einer Schüssel marinieren.

Zum Anrichten die Baguettes auf-, aber nicht durchschneiden, etwas Brot entfernen, um für die Füllung Platz zu machen, und mit der Schweinepastete bestreichen. Den Schweinebauch in dünne Scheiben aufschneiden und zusammen mit der Lyoner Wurst in das jeweilige Sandwich geben. Die Gurkenstifte und die Karottenraspeln darüber verteilen. Die Mayonnaise auf den Baguettes verteilen und zu guter Letzt etwas Würzsauce und einige Korianderblätter darübergeben. Den Rest der Sauce als Dip dazureichen.

Beef lok lak ist das Nationalgericht Kambodschas, jede Familie hat ihr ganz eigenes Rezept, das von Generation zu Generation weitergegeben wird. Nicht fehlen darf bei dem Gericht der berühmte kambodschanische Kampotpfeffer aus der gleichnamigen Küstenregion, der als eine der besten Pfeffersorten der Welt gilt und in der Khmer-Küche anstelle von Chilis zum Würzen verwendet wird. Das Rezept für den Khmer-Klassiker habe ich aus dem Restaurant »Malis« in Phnom Penh mitgebracht. Das Restaurant ist über die Grenzen der Hauptstadt hinaus für seine authentische, aber moderne Khmer-Küche bekannt. Romantisch sitzt man hier an einem Teich im kerzenbeleuchteten Innenhof und lässt sich mit gegrillten Garnelen auf grünem Auberginencurry, Tintenfisch mit süßem Basilikum und Zwiebeln, *fish amok* und eben *beef lok lak* verwöhnen.

Beef Lok Lak

Kambodschanische Rindfleischstreifen mit Kampotpfeffer

Für 4 Personen

Für den Pfeffer-Limetten-Dip

Saft von 5 Limetten

5 TL schwarzer Kampotpfeffer

2 TL Fischsauce

Für das beef lok lak

800 g Rinderfilet

½ TL Salz

½ TL frisch gemahlener schwarzer Kampotpfeffer

3 Schalotten

2 Zehen Knoblauch

2 EL Sojasauce

2 EL Fischsauce

1 EL Palmzucker

2 EL Weißweinessig

1 EL Speisestärke

4 EL Pflanzenöl

Zum Anrichten

je 1 frischer Bund Petersilie, Dill und Minze

1 Kopf Lollo bianco oder Lollo rosso

Für den Pfeffer-Limetten-Dip den Pfeffer in einem Mörser grob zerstoßen, mit dem Limettensaft vermischen und mit der Fischsauce abschmecken.

Für das *beef lok lak* das Rinderfilet trockentupfen, in dünne Streifen schneiden, salzen und pfeffern. Die Schalotten und den Knoblauch abziehen und fein würfeln.

Für die Sauce des *beef lok lak* 100 ml Wasser zusammen mit der Sojasauce, der Fischsauce, dem Palmzucker und dem Essig in einem kleinen Topf aufkochen. Die Speisestärke mit ein wenig kaltem Wasser glatt rühren und anschließend unter die Sauce rühren. Die Sauce eindicken lassen und beiseitestellen.

Das Öl in einem Wok bei mittlerer Temperatur erhitzen. Die Schalotten und den Knoblauch darin anschwitzen. Das Rinderfilet zugeben und kurz, aber kräftig von allen Seiten anbraten. Die Sauce zum Fleisch geben und durchschwenken.

Das Fleisch auf einem Bett aus Salat und Kräutern anrichten. Den Pfeffer-Limetten-Dip separat in kleinen Schälchen dazureichen. Dazu passt Jasminreis.

Amok trei – Fisch, gedämpft im Bananenblatt mit einer herrlich cremigen Currysauce – ist neben *beef lok lak* (siehe Seite 110) das kambodschanische Nationalgericht. »Amok« bedeutet nichts anderes als »dämpfen«, »trei« ist der Fisch. Auch mit Hühnchen oder Tofu wird das Gericht in Kambodscha gerne zubereitet. Bei allen Varianten darf die Kokossauce on top nicht fehlen.

Amok Trei

Kambodschanisches Fisch-Amok

Für 4 Personen

Für die Currypaste

2 getrocknete rote Chilischoten
2 Stangen Zitronengras
25 g Galgant
50 g Krachai (Fingerwurz)
1 TL Kurkumapulver
4 Kaffirlimettenblätter
1 Zehe Knoblauch
½ TL Gapi (Garnelenpaste)

Für das Amok

400 g Kabeljaufilet
2 EL Fischsauce
1 TL Zucker
Salz
200 ml Kokosmilch
1 TL Speisestärke
2 große Bananenblätter
1 Handvoll Spinatblätter

Für die Currypaste die Chilischoten 30 Minuten in heißem Wasser einweichen, anschließend die Kerne entfernen und die Schoten grob hacken. Die weißen Teile vom Zitronengras fein hacken. Den Galgant und den Krachai schälen, den Knoblauch abziehen und alles klein hacken. Die Kaffirlimettenblätter falten, die Rispe herausreißen und die Blätter in feine Streifen schneiden. In einem Food Processor die vorbereiteten Zutaten zu einer Paste verarbeiten. Die Garnelenpaste untermischen.

Für das Amok den Fisch in Streifen schneiden. Diese in einer Schüssel mit der Fischsauce, dem Zucker, 1 Prise Salz, der vorbereiteten Currypaste und 150 ml Kokosmilch gut vermischen.

Die restliche Kokosmilch (50 ml) in einem kleinen Topf bei niedriger Temperatur erhitzen. Die Speisestärke mit etwas Wasser zu einer dickflüssigen Paste anrühren. Die Paste in die Kokosmilch einrühren und die Kokosmilch eindicken lassen. Diese Kokoscreme bis zum Anrichten beiseitestellen.

Für die Körbchen die Bananenblätter zunächst abwischen, dann bügeln, sodass diese geschmeidig werden. Vier große Kreise (Ø etwa 15 cm) aus den Bananenblättern ausschneiden. Diese an einer Stelle beginnend s-förmig falten und mit einem Tacker festtackern oder mit Zahnstochern feststecken. Auf der gegenüberliegenden Seite ebenso verfahren. Um 90 Grad drehen und wieder falten und festtackern oder feststecken.

Zum Anrichten

1 frische, große rote Chilischote

2 Kaffirlimettenblätter

Anschließend jeweils 3–4 Spinatblätter in die Bananenkörbchen legen, darauf jeweils das Fischcurry verteilen. In einen Dämpfkorb oder Dampfeinsatz setzen und rund 20 Minuten über kochendem Wasser dämpfen

Zum Anrichten die Chilischote aufschneiden, die Kerne entfernen und die Schote in dünne Streifen schneiden. Die Rispen der Kaffirlimettenblätter wie vorher entfernen und die Blätter ebenfalls in Streifen schneiden.

Die Körbchen auf Teller platzieren, mit etwas Kokoscreme beträufeln und mit Kaffirlimetten- und Chilistreifen dekorieren. Dazu reicht man Jasminreis.

»Children on a Swing« sieht aus wie ein weiteres Kunstwerk von Ernest Zacharevic, ist aber von Louis Gan, einem Street Artist aus Penang.

Malaysia

Der Vielvölkerstaat Malaysia gilt als wahres Feinschmeckerparadies. Zu den typischsten Gerichten des Landes zählt *nasi lemak* (Kokosreis mit Erdnüssen, Sardellen, hart gekochtem Ei und der malaysischen Würzsauce *sambal belacan*). Dazu trinkt man *air bandung*, ein Getränk aus Kondensmilch und Rosensirup. Noch aus der Kolonialzeit stammen portugiesische und britische Einflüsse. Auch die indische Küche ist im ganzen Land weitverbreitet. So zählt beispielsweise *roti canai*, ein indisches Pfannenbrot mit verschiedenen Currys, zu den beliebtesten Gerichten in Malaysia. Chinesische Einflüsse findet man vor allem in Westmalaysia. Borneo, im Osten des Landes, ist kulinarisch geprägt durch den Einfluss der Orang Asli – der Ureinwohner. Penang und besonders George Town, die Hauptstadt der Insel, sind hingegen berühmt für ihre Peranakan-Küche, die durch die Verschmelzung der Gerichte der ersten chinesischen Siedler mit lokalen malaiischen Gerichten entstand. Zu den beliebtesten Gerichten aus der Peranakan-Küche zählen die *laksa*, eine Nudelsuppe mit Huhn, und *nyonya chicken curry*.

George Town ist jedoch nicht nur für seine ausgezeichnete Küche und die unzähligen Hawker Stalls (kleine Schnellimbisse) bekannt, sondern auch für seine Street-Art. Hunderte Murals und Installationen zieren die Straßen. Besonders erwähnenswert sind die realistischen Murals des litauischen Künstlers Ernest Zacharevic, aber auch die zwölf Katzen-Murals, genannt »101 lost kittens«, des thailändischen Künstlers Natthapon Muangkliang.

Ebenfalls sehenswert sind die prunkvoll verzierten Clanhäuser der alteingesessenen chinesischen Familien. Besichtigt werden kann beispielsweise das Khoo Kongsi, ein Wohnhof mit reich verziertem Tempeldach, in der Cannon Street. Einen Einblick in das Leben der reichen chinesischen Kaufleute der Stadt bekommt man aber auch im Pinang Peranakan Mansion. Ärmere chinesische Clanangehörige leben dagegen noch heute auf den sechs Clan Jetties am Weld Quay, ein Dorf auf Stelzen im Meer mit einem ganz speziellen Flair. Ursprünglich waren die Clan Jetties nur Landungsstege für Lastkähne. Nach und nach wurden die Stege jedoch um Lagerschuppen erweitert, die von den chinesischen Kulis auch zum Wohnen genutzt wurden. Heute hat jeder der Jetties außerdem seinen eigenen Tempel und zwischen den bunten Wohnhäusern findet man zahlreiche hübsche, kleine Restaurants und Snackbars, die authentische chinesische Spezialitäten servieren.

Im Rahmen des George Town Festivals erstellte der litauische Künstler Ernest Zacharevic 2012 sechs Kunstwerke an den Häuserwänden in George Town. Eines davon ist der »Boy on a bike«.

»Little children on a bicycle«-Installation von Ernest Zacharevic in der Armenian Street.

Kari ayam oder auch *nyonya chicken curry* kommt aus der Peranakan- oder Nyonya-Küche. »Peranakans« werden die Nachfahren der ersten chinesischen Einwanderer genannt, die sich einst im malaysischen Penang und Malacca niederließen und Ehen mit den lokalen Malaien eingingen. Auf Baba Malay wird eine weibliche Peranakan *nyonya* genannt. Das *nyonya chicken curry* ist also ein Curry, das von der Frau des Hauses gekocht wird. Es kombiniert herrlich die chinesische mit der malaiischen Küche. Das besondere Aroma erhält das Gericht durch zahlreiche Gewürze, aber vor allem durch die malaysischen Curryblätter.

Kari Ayam

Hähnchencurry aus Penang

Für 4 Personen

Für die Currypaste

3 Zehen Knoblauch
15 kleine Thai-Schalotten
12 getrocknete Chilischoten
1 Stange Zitronengras
3 TL Kurkumapulver
3 TL Koriandersamen
1 TL Fenchelsamen
1 TL gemahlener Kreuzkümmel
20 g belacan (getrocknete Garnelenpaste; im Asiamarkt erhältlich)

Für das Curry

1 küchenfertiges Hähnchen
200 g festkochende Kartoffeln
5 EL Sesamöl
1 Stange Zimt
2 Sternanis
2 Gewürznelken
10 Curryblätter
200 ml Kokosmilch
1 TL Zucker
Salz

Für die Currypaste den Knoblauch und die Schalotten abziehen und würfeln. Die Chilischoten in warmem Wasser 20 Minuten einweichen, anschließend die Kerne entfernen und die Schoten grob hacken. Den weißen Teil des Zitronengrases ebenfalls grob hacken. Beides mit allen anderen Zutaten in einem Food Processor zu einer Paste verarbeiten.

Für das Curry das Hähnchen mit Knochen in grobe Stücke zerteilen. Die Kartoffeln schälen und in Spalten schneiden.

Das Öl in einem Wok bei niedriger Temperatur erhitzen. Die Zimtstange, den Sternanis und die Gewürznelken darin anrösten. Dann die Currypaste hinzufügen und ebenfalls anrösten, sodass sich die Aromen entfalten. Anschließend das Hähnchen, die Kartoffeln und die Curryblätter untermischen. 350 ml Wasser angießen und das Curry abgedeckt etwa 25 Minuten köcheln lassen.

Nun die Kokosmilch hinzugeben, das Curry mit dem Zucker und etwas Salz abschmecken und 30 Minuten bei niedriger Temperatur weiterköcheln lassen, bis das Hühnchen schön zart ist.

Zum Anrichten das Curry auf Schüsseln verteilen. Dazu reicht man in Malaysia Sticky Rice (Klebreis) mit Kurkuma oder Jasminreis.

Am Fuße des Sigiriya Rock liegt das kleine Restaurant »Lion Hut«, in dem ich das erste Mal *kottu roti*, tamilisch für »gehacktes Brot«, gegessen habe und dem Chef des Hauses auch bei der Zubereitung über die Schulter gucken durfte. *Kottu roti* wird in Sri Lanka gerne zum Frühstück oder als Mitternachtssnack gegessen. Doch findet man das Gericht eigentlich in jeder Garküche des Landes zu jeder Tages- und Nachtzeit. Basis des Brotsalates ist immer in Streifen gehacktes *godamba roti*, ein ungesäuertes Fladenbrot, das in der Pfanne ausgebacken wird. Dazu kommen Gemüse, Ei, wahlweise Fleisch oder Fisch, eine Reihe exotischer Gewürze und Chili ... viel Chili. Scharfes Essen sollte man also mögen.

Kottu Roti

Geschnittenes Brot aus Sri Lanka

Für 2 Personen

Für das godamba roti

250 g Weizenmehl (Type 405)
½ TL Salz
5 EL neutrales Pflanzenöl
½ Päckchen Trockenhefe
Ghee zum Ausbacken

Für das kottu roti

1 Zehe Knoblauch
3 cm frischer Ingwer
2 kleine rote Chilischoten
1 Stange Lauch
1 Karotte
1 EL Ghee
8 Curryblätter (tiefgefroren oder getrocknet)
½ TL gemahlener Koriander
½ TL frisch gemahlener schwarzer Pfeffer
½ TL Chilipulver
1 Prise Zimtpulver
2 Eier
Salz

Für das *godamba roti* das Mehl in eine Schüssel sieben und mit dem Salz vermischen. 3 EL Öl und die Hefe untermengen. Anschließend nach und nach 180 ml Wasser einkneten. Die klebrige Teigkugel mit etwas Öl beträufeln und dieses einmassieren. Den Teig in einer Schüssel, bedeckt mit einem feuchten Tuch, 2–3 Stunden gehen lassen.

Den Teig anschließend in vier gleich große Kugeln teilen. Diese auf einer bemehlten Arbeitsfläche dünn ausrollen. Etwas Ghee in einer Pfanne bei mittlerer Temperatur erhitzen und den ersten Teigfladen darin ausbacken. Wenn der Teig Blasen wirft und die Unterseite goldbraune Flecken hat, den Fladen wenden und auf der anderen Seite backen. Nach und nach alle *rotis* auf diese Weise zubereiten.

Für das *kottu roti* den Knoblauch abziehen, den Ingwer schälen und beides fein hacken. Die Chilischoten und den Lauch in Ringe schneiden. Die Karotte schälen und mit einem Julienneschneider in feine Streifen schneiden. Die *rotis* in Streifen schneiden.

Hat man den Löwenfels Sigiriya einmal erklommen, eröffnet sich einem ein atemberaubender Ausblick.

Für das Dressing

Saft von 1 Limette

1 EL Sojasauce

1 EL Kokosblütenzucker

Zum Anrichten

1 Handvoll gehackter frischer Koriander

Das Ghee in einer Pfanne bei mittlerer Temperatur erhitzen. Den Ingwer, den Knoblauch und die Karotten darin anschwitzen. Den Lauch hinzufügen und ebenfalls anschwitzen. Anschließend die Chilis und alle anderen Gewürze zugeben.

Die Eier in einer Schüssel verquirlen. Eine Vertiefung mittig in das Gemüse arbeiten und die Eier hineingießen. Stocken lassen und mit dem Gemüse mischen. Zuletzt die Brotstreifen hinzufügen und mit erwärmen. Vor dem Servieren mit Salz abschmecken.

Für das Dressing den Limettensaft, die Sojasauce und den Kokosblütenzucker vermischen.

Zum Anrichten das *kottu roti* auf Teller verteilen, das Dressing darüberträufeln und mit Koriander bestreuen.

Ulundu vadai oder kurz *vadai* ist eine Art Donut aus *urid dal* (Urdbohnen). Außen schön knusprig, innen ganz weich und luftig. Der tamilische Donut wird gerne zum Frühstück zusammen mit *idli* (kleine Teigküchlein), *sambar* (Sauce auf Basis von Linsen und Tamarinde) und Kokos-Chutney gegessen, doch am beliebtesten ist er als Snack zwischendurch. Macht man in Sri Lanka eine Zugfahrt von Kandy nach Ella, steigen an nahezu jeder Station Verkäufer mit Körben voller *ulundu vadai* ein, um diese an die hungrigen Reisenden zu verkaufen. Auch ich habe auf dieser Zugfahrt durch das Hochland das erste Mal diesen köstlichen frittierten Snack gegessen, während pittoreske kleine Dörfer und Teeplantagen an meinen Augen vorbeizogen.

Ulundu Vadai

Linsendonuts aus Sri Lanka

Für 15 Stück

150 g urid dal *(geschälte Urdbohnen)*
1 Zwiebel
2,5 cm frischer Ingwer
2 grüne Chilischoten
2 EL gehackter frischer Koriander
6 Curryblätter (gefroren)
1 Msp. asafoetida *(indisches Gewürz, auf Deutsch bekannt unter Asant oder Teufelsdreck)*
Salz
2 l neutrales Pflanzenöl zum Frittieren

Die *urid dal* für mindestens 2 Stunden in Wasser einweichen. Anschließend in einem Food Processor mit wenig kaltem Wasser zu einem weißen, fluffigen Teig pürieren.

Die Zwiebel abziehen, den Ingwer schälen und beides fein hacken. Die Chilischoten und die Curryblätter ebenfalls fein hacken. Die Zutaten unter den Teig mixen. Den Teig mit *asafoetida* und Salz würzen.

Das Öl in einem großen Topf erhitzen. Inzwischen mit angefeuchteten Händen aus dem Teig 15 Kugeln formen. Mit dem Daumen ein Loch in die Mitte der Kugeln drücken, sodass ein Donut entsteht. Die Donuts nach und nach im heißen Öl ausbacken, bis sie schön knusprig und goldbraun sind. Während des Frittierens einmal wenden.

Vor dem Anrichten die *vadai* kurz auf Küchenpapier abtropfen lassen, dann sofort warm snacken.

Vadai-Verkäufer an einem Bahnhof im Hochland.

In Jaffna hatte jeder ein Lächeln für mich übrig.

Sri Lanka

In der Küche Sri Lankas gehen lokale Produkte und vor allem Gewürze eine wunderbare Verschmelzung mit den Gerichten ein, die über viele Jahrhunderte auf die Insel gebracht wurden. So findet man in der würzigen, aromatischen Küche Sri Lankas viele indische, aber auch arabische, malaiische, portugiesische, holländische und englische Einflüsse. Die tamilische Küche, die am stärksten von der indischen Küche beeinflusst ist, findet man besonders in und rund um Jaffna, die Hauptstadt der Nordprovinz. Hier gibt es unzählige Restaurants, wie beispielsweise das »Ammachchi Food Center« in Vayuniya, die ausschließlich vegane und vegetarische Spezialitäten, wie zum Beispiel *dosa* (dünne Pfannkuchen aus einem fermentierten Teig aus Reis und Urdbohnen) mit *sambar* (eine würzige Linsensauce) und Kokosnuss-Chutney oder *puttu* (gedämpfte Kokosreis-Kuchen) mit verschiedenen Gemüsecurrys, verkaufen. Das Besondere am »Ammachchi Food Center« ist, neben dem vorzüglichen Essen, dass hier ausschließlich Frauen arbeiten, die ihre Ehemänner im Krieg verloren haben. Jede Frau hat sich auf ein bestimmtes Gericht spezialisiert und verkauft dieses im Food Center. Ein weiteres kulinarisches Highlight der Region ist auch das *jaffna crab curry* mit frischen Krabben und geröstetem Currypulver aus Jaffna.

Doch nicht nur aus kulinarischen Gründen sind Jaffna und der gleichnamige Distrikt eine Reise wert. Jaffna verkörpert für mich das authentische Sri Lanka. Touristisch ist die Gegend bis heute weitgehend unerschlossen, denn bis 2009 tobte hier 26 Jahre lang ein blutiger Bürgerkrieg. Dieser Krieg hat in Jaffna seine Spuren hinterlassen, das Militär ist bis heute präsent und an vielen der alten Kolonialgebäude findet man noch immer Einschusslöcher. Doch nirgends sonst wurde mir in Sri Lanka mehr Gastfreundschaft entgegengebracht, nirgends sonst wurde ich so häufig mit einem breiten Lächeln begrüßt. Die Menschen waren neugierig, hilfsbereit und unglaublich freundlich. Und auch kulturell und landschaftlich bietet die Halbinsel viele Highlights.

Eine »heilige Kuh« darf in Jaffna auch in den Supermarkt.

Dosa, dünne Pfannkuchen aus fermentierten Urdbohnen und Reis, mit sambar und coconut sambol. Das klassische Frühstück in Sri Lanka.

Fischer am Strand von Jaffna.

Auf dem Fischmarkt direkt am Strand wird der Fang täglich an die lokalen Restaurantbesitzer versteigert.

Der Bananenverkäufer am Jaffna Market empfing mich jeden Tag mit einem breiten Grinsen.

Einst brachten chinesische Einwanderer die Eiernudeln mit nach Indonesien. *Mie goreng* oder auch *bakmie goreng* ist ein Gericht aus eben diesen Nudeln und heute das beliebteste und berühmteste Streetfood in Indonesien. Jede Garküche und jedes Restaurant von Bali bis Sumatra serviert die gebratenen Nudeln. Das *eine* Originalrezept gibt es nicht, auf keinen Fall fehlen darf für den typischen Geschmack jedoch Kecap Manis – süße indonesische Sojasauce.

Mie Goreng

Gebratene Eiernudeln mit Gemüse und Garnelen

Für 4 Personen

Für die Würzpaste

2 Schalotten
1 Zehe Knoblauch
½ TL getrocknete weiße Pfefferkörner
Salz

Für das mie goreng

250 g Mie-Nudeln
200 g Pak Choi
1 Karotte
3 Lauchzwiebeln
2 kleine rote Chilischoten
5 EL Sesamöl
2 Eier
16 küchenfertige Riesengarnelen
100 g Sojasprossen
1 TL Sambal Oelek
5 EL Kecap Manis
2 EL Sojasauce

Für die Würzpaste die Schalotten und den Knoblauch abziehen und würfeln. In einem Mörser den Pfeffer mahlen. Die Schalotten und den Knoblauch hinzufügen, alles zu einer glatten Paste zerstoßen. Die Paste mit 1 Prise Salz würzen.

Für das *mie goreng* die Mie-Nudeln nach Packungsangabe garen und abtropfen lassen. Den Pak Choi und die Karotte in feine Streifen schneiden, die Lauchzwiebeln in Ringe. Die Chilischoten grob hacken.

2 EL Sesamöl in einem Wok bei mittlerer Temperatur erhitzen, die Eier darin zu Rührei braten. Herausnehmen und zunächst beiseitestellen.

Das restliche Öl im Wok erhitzen. Die Würzpaste darin unter Rühren anbraten, bis sie ihr Aroma entfaltet hat. Die Riesengarnelen hinzufügen und kurz anbraten. Anschließend die Chilistückchen, das Sambal Oelek, die Karotte und den Pak Choi hinzugeben und unter Rühren anschwitzen. Nun die Mie-Nudeln, die Lauchzwiebeln, die Sojasprossen und das Rührei vorsichtig unterheben. Das *mie goreng* mit der Kecap Manis, der Sojasauce, Salz und Pfeffer abschmecken.

Auf Teller verteilen und sofort heiß servieren.

Das »Marina Bay Sands« – eines der wohl bekanntesten Hotels der Welt.

Singapur

Fest steht, der Singapurer liebt gutes Essen, jegliche Art von Essen, denn die *eine* Küche Singapurs gibt es nicht. Man sollte gar eher von den Küchen Singapurs sprechen. Im 19. und 20. Jahrhundert strömten Einwanderer aus China, Indien, Malaysia und Indonesien auf die Insel Singapur. Sie alle brachten ihre eigenen Spezialitäten mit. So findet man heute vier Grundströmungen in der Singapur-Küche: die chinesische Küche, die Peranakan-Küche, die malaiische und die indische Küche. Fish & Chips und der *high tea* weisen zudem auf das britische Kolonialerbe hin.

Doch fand im Stadtstaat Singapur auch eine Fusion der unterschiedlichen Küchen statt. So entstand eine einzigartige Küche, genannt »New Asian Cuisine«. Zu den bekannten Gerichten zählen die *katong laksa* (Kokosnuss-Curry-Suppe mit Reisnudeln und Shrimps) und *mee goreng* (ein malaiisches Nudelgericht mit chinesischen Eiernudeln, gebraten mit indischer, geklärter Butter). Bekannt und beliebt ist auch das *fish head curry* (Fischköpfe in scharfer Currysauce mit Gemüse und Reis), das heutige Nationalgericht. Ursprünglich stammt es aus der bengalischen Küche, wurde in Singapur jedoch dem Geschmack der chinesischen Einwanderer angepasst.

Nun ist Fischkopfcurry zugegebenermaßen kein Gericht für jedermann. In den Garküchen in den Hawker-Centern der Stadt findet man, neben der lokalen Ethnoküche, aber auch unzählige ethnische Köstlichkeiten aus der chinesischen, indischen und malaiischen Küche sowie Spezialitäten aus Thailand, Japan und Korea. Besonders zur Mittagszeit bilden sich an den unzähligen Garküchen der Hawker-Center häufig lange Schlangen. Das wundert nicht, denn dort kann man nicht nur richtig günstig, sondern eben auch verdammt gut essen. Schlechte Hawker-Center gibt es in ganz Singapur nicht, doch besonders gut isst man in den über 200 Garküchen im historischen Lau Pa Sat Market am Raffles Quay im Stadtzentrum.

Kleiner Tipp: Zunächst sucht man in Hawker-Centern einen freien Tisch, merkt sich die Tischnummer, belegt den Platz mit einer Packung Taschentücher und gibt dann seine Bestellung an der Garküche auf. Das Essen wird zum Tisch gebracht, sobald es fertig ist.

Die ersten Chinesen kamen als Arbeiter, heute bilden sie die größte ethnische Gruppe in Singapur und prägen die Kultur des Stadtstaates.

Nachts spielt sich das Leben in Singapur am Clarke Quay ab.

Hainanese chicken rice habe ich zum ersten Mal während meiner Schulzeit in Bangkok gegessen. Vor allem in den Restaurants im Stadtteil Pratunam wird *hainanese chicken rice* überall serviert. Es gibt ihn außerdem in Malaysia und Vietnam. Doch nur in Singapur wird dieses Gericht mit pochiertem Huhn und Reis noch heute nach der traditionellen hainanesischen Methode zubereitet, denn es kommt ursprünglich aus Hainan in Südchina. Dort heißt es *wenchang chicken*. Immigranten brachten es einst nach Singapur, heute ist es das Nationalgericht des Landes.

Hainanese Chicken Rice

Hainanischer Hühnerreis aus Singapur

Für 6 Personen

Für das Huhn

1 küchenfertiges Hähnchen
1 Handvoll Meersalz
10 cm frischer Ingwer
2 Zehen Knoblauch
2 Lauchzwiebeln
1 TL Sesamöl
Salz

Für den Reis

350 g Jasminreis
2 EL Rapsöl
2 EL fein gehackter frischer Ingwer
1 Schalotte, fein gewürfelt
2 Zehen Knoblauch, fein gehackt
1 TL Sesamöl
500 ml Hühnerbrühe (vom Kochen des Huhns)

Das Hähnchen mit dem Meersalz abreiben und gut abspülen. Den Ingwer schälen, den Knoblauch abziehen und beides grob zerkleinern. Die Lauchzwiebeln vierteln. Wasser in einem Topf aufkochen und das Hähnchen darin 5 Minuten kochen. Dann das Wasser abgießen und den Topf mit frischem Wasser auffüllen, sodass das Fleisch etwa 2 cm mit Wasser bedeckt ist. Den Knoblauch, die Lauchzwiebeln und den Ingwer hinzufügen und das Wasser aufkochen. Bei niedriger Temperatur 30 Minuten simmern lassen. Dann das Hähnchen herausnehmen, in Eiswasser abschrecken, trockentupfen und mit Sesamöl einreiben. Den Knoblauch, den Ingwer und die Lauchzwiebeln aus der Brühe entfernen und die Brühe mit Salz abschmecken.

Den Reis waschen, bis das Wasser klar ist, und abtropfen lassen. Das Rapsöl in einem Topf bei mittlerer Temperatur erhitzen. Den Ingwer, die Schalotten und den Knoblauch darin anschwitzen. Dann den Reis und das Sesamöl hinzufügen. Das Ganze mit der Brühe ablöschen, aufkochen und den Reis abgedeckt bei niedriger Temperatur 10 Minuten garen. Den Topf von der Herdplatte nehmen und den Reis 5–10 Minuten ziehen lassen.

Für die Ingwer-Knoblauch-Sauce

4 EL Rapsöl
2 EL fein gehackter frischer Ingwer
2 Zehen Knoblauch, fein gehackt
½ TL Salz
1 TL Reisessig

Zum Anrichten

1 Salatgurke, in Scheiben geschnitten

Für die Ingwer-Knoblauch-Sauce das Öl in einer kleinen Pfanne bei hoher Temperatur erhitzen. Dann den Herd abschalten, den Knoblauch und den Ingwer einige Sekunden darin anrösten, dann das Salz und den Essig hinzufügen.

Zum Anrichten die restliche Hühnerbrühe erneut aufkochen. Das lauwarme Hähnchenfleisch vom Knochen lösen und in Scheiben schneiden. Mit dem Reis und den Gurkenscheiben auf Teller verteilen und etwas Sauce darüber geben. Die Hühnersuppe und die übrige Ingwer-Knoblauch-Sauce dazureichen. In Thailand serviert man dazu außerdem Sojasauce und/oder Sweet-Chili-Sauce.

Laksa ist ein Gericht, das man sowohl in Singapur als auch in Malaysia, Thailand und Indonesien findet. Der Ursprung des Gerichtes ist unbekannt, Rezepte gibt es in etwa so viele wie Städte in Südostasien. Man unterscheidet grundsätzlich zwischen *curry laksa* und *asam laksa*. Während die *asam laksa* eher einer Brühe gleicht und mit Tamarinde zubereitet wird, ist die *curry laksa* eine cremige Suppe mit Kokosmilch. Zu den Curryvarianten zählt auch die berühmte *katong laksa* aus dem gleichnamigen Stadtteil in Singapur, die in der Peranakan-Küche auch *nyonya laksa* genannt wird. Nicht fehlen dürfen in dieser Suppe die Laksablätter, auch bekannt als vietnamesischer Koriander, die der Suppe ihren authentischen Geschmack geben, und die spaghettiähnlichen frischen dicken Reisnudeln, genannt *tsor beehoon*.

Katong Laksa

Curry-Nudelsuppe aus Singapur

Für 4 Personen

Für die Würzpaste

15 getrocknete rote Chilischoten
75 g getrocknete Shrimps
100 g Schalotten
3 Zehen Knoblauch
15 g frische Kurkuma
je 20 g frischer Galgant und Ingwer
3 Stangen Zitronengras
120 ml Erdnussöl
5 Vogelaugenchilis
10 g Koriandersamen
3 candlenuts (Kemirinüsse)
20 g belachan (getrocknete Garnelenpaste)

Für die Suppe

1 l Hühner- oder Krustentierfond
300 g küchenfertige Garnelen
25 Laksablätter
1 l Kokosmilch
1 EL Salz
2 EL Zucker
10 taupok (frittierte Tofu-Puffs)

Für die Würzpaste die getrockneten Chilischoten und die Shrimps mit 200 ml kochend heißem Wasser überbrühen und 20 Minuten darin einweichen. Anschließend abgießen, das Wasser dabei auffangen und aufbewahren. Die Schalotten und den Knoblauch abziehen und grob hacken. Die Kurkuma, den Galgant und den Ingwer schälen und grob zerkleinern. Den weißen Teil des Zitronengrases in feine Ringe schneiden.

Die Hälfte des Erdnussöls mit allen Zutaten außer der Garnelenpaste in einem Food Processor zu einer homogenen Würzpaste verarbeiten. Die getrocknete Garnelenpaste in einen Topf krümeln und bei mittlerer Temperatur anrösten. Anschließend die Würzpaste und das restliche Öl hinzufügen. Etwa 30 Minuten unter Rühren in der Pfanne anrösten, bis die Paste dunkelbraun ist.

Für die Suppe das aufgefangene Chili-Garnelen-Einweichwasser zusammen mit dem Hühner- oder Krustentierfond in einem Topf aufkochen. Die Garnelen kurz in der Suppe pochieren, herausnehmen und beiseitestellen.

Die Würzpaste zur Suppe geben und diese aufkochen. Die Laksablätter hinzufügen und die Suppe 30 Minuten bei niedriger Temperatur köcheln lassen. Anschließend die Kokosmilch unterrühren und die Suppe mit Salz und Zucker abschmecken. Die Tofu-Puffs halbieren und zur Suppe geben, sodass sie sich vollsaugen können.

Zum Anrichten

300 g tsor beehoon *(frische dicke Reisnudeln)*
200 g fish cakes
2 hart gekochte Eier
15 Laksablätter
300 g Mungobohnensprossen

Zum Anrichten die Nudeln nach Packungsangabe zubereiten. Die *fish cakes* erwärmen und in Streifen schneiden. Die Eier halbieren. Die Laksablätter in feine Streifen schneiden. Die Nudeln und die Mungobohnensprossen auf vier Schüsseln verteilen. Die heiße Suppe mit den Tofu-Puffs darübergießen. Die Suppe jeweils mit den fisch cakes-Streifen, den Garnelen, einem halben Ei und einigen Laksastreifen dekorieren.

Pfannkuchen findet man in Hongkong nur selten in der süßen Variante, wie wir sie hierzulande kennen. Die Chinesen lieben ihre Pfannkuchen knusprig und herzhaft. Daher werden diese häufig mit Lauchzwiebeln, gerne aber auch mit Pekingente gefüllt. *Cong you bing*, wörtlich übersetzt »Lauch-Öl-Pfannkuchen«, sind ein beliebter Streetfood-Klassiker in den Straßen von Hongkong und werden besonders gerne zum Frühstück gegessen.

Cong You Bing

Chinesische Pfannkuchen mit Lauchzwiebeln

Für 8 Stück

Für den Dip

2 EL Sojasauce
2 EL Reisessig
1 EL Sesamöl
2 EL Zucker
½ EL Chilipaste

Für die Pfannkuchen

240 g + 2 EL Weizenmehl (Type 405)
Salz
4 Lauchzwiebeln
4 EL Butter

Für den Dip alle Zutaten in einem kleinen Topf aufkochen und den Zucker auflösen. Dann den Dip beiseitestellen und abkühlen lassen.

Für die Pfannkuchen das Mehl (240 g) in eine Schüssel sieben. 1 Prise Salz und 150 ml heißes Wasser hinzufügen und alles zu einem geschmeidigen, leicht klebrigen Teig verkneten. Diesen abgedeckt 30 Minuten ruhen lassen. In der Zwischenzeit die Lauchzwiebeln in feine Ringe schneiden. 2 EL Butter in einem kleinen Topf schmelzen, 1 Prise Salz und 2 EL Mehl unterrühren. Diese Mehlschwitze beiseitestellen und abkühlen lassen.

Nun den Teig in acht gleich große Stücke teilen und zu Kugeln formen. Die Arbeitsfläche dünn mit Öl bestreichen und die erste Teigkugel zu einem dünnen Pfannkuchen ausrollen, mit der Mehlschwitze bestreichen und mit Lauchzwiebeln bestreuen. Den Pfannkuchen zu einer dünnen Zigarre aufrollen. Dann aus der Rolle eine Schnecke formen. Die Teigschnecke mit der Hand flach drücken und erneut dünn ausrollen, sodass die Textur der Schnecke erhalten bleibt. Mit den restlichen Teigkugeln genauso verfahren. Nun ein wenig der übrigen Butter in einer Pfanne bei mittlerer Temperatur erhitzen und die Pfannkuchen darin portionsweise goldbraun ausbacken. Nach dem Braten die Pfannkuchen mit den Fingern von allen Seiten leicht zusammendrücken, sodass sich die einzelnen knusprigen Schichten ein wenig voneinander trennen. Die Pfannkuchen auf den vorgewärmten Tellern anrichten und mit dem Dip servieren.

Die dreistöckige Pagode des Hida-Kokubun-ji-Tempel, der älteste Tempel von Takayama.

Japan

Japan ist vielleicht der Inbegriff für gutes Essen. Zwar mag manches in Japan nicht dem persönlichen Geschmack entsprechen und manche Gerichte gewöhnungsbedürftig sein, doch schlechtes Essen findet man wohl in ganz Japan nicht. Gefühlt wird nirgends sonst auf dieser Welt so viel Wert auf gutes Essen, frische Zutaten und perfekte Zubereitung gelegt. Grundnahrungsmittel der japanischen Küche ist natürlich Reis. Er bildet die Grundlage nahezu jeder Mahlzeit. Da Japan ein Archipel ist, spielen natürlich auch Meeresfrüchte und Fisch eine große Rolle in der Ernährung, besonders beliebt ist roher Fisch. Doch liebt man in Japan auch Nudelsuppen – ob mit Ramen-, Soba- oder Udon-Nudeln –, Misosuppen und sauer eingelegtes Gemüse. Heute findet man in der japanischen Küche darüber hinaus auch Fleisch. *Wagyu*, japanisches Rindfleisch, vor allem aus der Region Kobe, zählt zu den besten Rindfleischsorten der Welt. Kaum vorstellbar, dass der Verzehr von Fleisch in Japan bis 1873 sogar verboten war, Schweinefleisch ist gar erst seit den 1930er-Jahren populär.

Nun hat *kobe beef* Weltruhm erlangt. Mindestens genauso gut, allerdings nur in Japan bekannt, ist *hida beef* (Rindfleisch vom schwarzhaarigen, japanischen Rind aus der Provinz Hida in der Region Gifu auf der Hauptinsel Honshu). Zentrum der Hida-Region und der beste Ort, um das fein marmorierte Rindfleisch zu probieren, ist Takayama. Herrliche Steaks, die geradezu im Mund schmelzen, gibt es hier im »Restaurant Kitchen Hida«. Unbedingt kosten sollte man außerdem das *hida beef sushi* am Streetfood Stall »Hida Kotte Ushi« in der Altstadt von Takayama. Die Schlange davor lässt erkennen, dass das leicht sautierte *hida beef nigiri* mit frischem Ingwer, Sojasauce, Frühlingszwiebeln und schwarzem Salz auf einem kleinen Krabbencracker zu den beliebtesten Snacks der Stadt zählt. Doch ist Takayama auch bekannt für *hoba miso* (ein Blatt der Honcki-Magnolie mit Lauch, Pilzen und Miso, das auf einem Tischofen erhitzt wird) und die *takayama ramen* (eine Hühnerbrühe mit Sojasauce, dünnen Nudeln und geschmortem Schweinefleisch).

Doch nicht nur das Essen lockt nach Takayama, auch die gut erhaltene Altstadt mit ihren charakteristischen Holzhäusern aus der Edo-Zeit ist sehenswert und hat der Stadt den Beinamen »Klein-Kyoto« verliehen. In den Häusern finden sich zahlreiche Geschäfte mit traditionellen Handwerksprodukten, *ryōteis* (traditionelle und sehr teure japanische Restaurants), *izakayas* (japanische Kneipen) und traditionelle Sakebrauereien, die man an den *sugidamas* (Kugeln aus geflochtenem Zedernholz) erkennt, die vor den Brauereien hängen. Frisch aufgehängt sind die *sugidamas* grün, sobald sie sich braun verfärben, ist der Sake fertig. Gebraut wird das Getränk aus fermentiertem Reis allerdings nur im Winter.

Die wunderschönen Gebäude aus der Edo-Zeit brachten Takayama den Beinamen »Klein-Kyoto« ein.

Hida beef nigiri auf Krabbencracker.

Leise rieselte der Schnee ... in Takayama. Eiskalt war es draußen, doch vor meiner Nase stand eine dampfend heiße Schüssel *niku udon*, Nudelsuppe mit Rindfleischstreifen. Aber nicht irgendein Rindfleisch lag da obenauf, sondern *hidagyu*, fein marmoriertes Rindfleisch aus der Hida-Region in der Präfektur Gifu, das einfach nur im Mund schmilzt. Hida-Rindfleisch gilt als eine der besten Fleischsorten der Welt, ist außerhalb von Japan allerdings nicht erhältlich. Ähnlich gute Qualität hat das auch hier bekannte Kobe Beef aus der gleichnamigen Region Kobe. Häufig wird japanisches Rindfleisch hierzulande aber auch einfach unter dem Namen *wagyu* verkauft, wobei dies nichts anderes als »japanisches Rindfleisch« bedeutet, also Fleisch vom indigenen schwarzhaarigen Tajima-Rind, aber ohne geschützte Herkunftsbezeichnung.

Niku Udon

Udon-Nudelsuppe mit Rindfleisch

Für 2 Personen

500 ml dashi-*Brühe*
1 EL mirin *(süßer Reisweinessig)*
2 EL japanische Sojasauce
2 EL Zucker
1 Prise Salz
2 Lauchzwiebeln
250 g Top-sirloin- oder Ribeye-Steak
400 g Udon (Nudeln), frisch oder gefroren
1 EL Sonnenblumenöl

Zum Anrichten

1 Lauchzwiebel
100 g narutomaki *(japanische* fish cakes*)*
2 EL gehackte frische Petersilie
shichimi tōgarashi *(japanische Gewürzmischung)*

Die *dashi*-Brühe zusammen mit dem *mirin*, 1 EL Zucker und 1 EL Sojasauce in einem Topf verrühren und aufkochen. Die Brühe mit Salz abschmecken und bei niedriger Temperatur simmern lassen.

In der Zwischenzeit die Lauchzwiebeln schräg in 2 cm große Stücke schneiden und das Fleisch in sehr dünne mundgerechte Streifen. Die Udon-Nudeln nach Packungsangabe zubereiten. Anschließend abgießen und abtropfen lassen.

Nun das Öl in einer Pfanne bei mittlerer Temperatur erhitzen und die Lauchzwiebeln darin anschwitzen. Das Fleisch hinzufügen und von beiden Seiten kurz und scharf anbraten, dann die restliche Sojasauce und den restlichen Zucker hinzufügen. Die Sauce karamellisieren und eindicken lassen.

Zum Anrichten die Lauchzwiebel und die *fish cakes* in feine Ringe schneiden. Die Udon-Nudeln auf zwei große Schalen aufteilen und die heiße Suppe darübergießen. Darauf das Fleisch verteilen. Mit den *fish cakes* und den Lauchzwiebeln garnieren. Etwas Petersilie und *shichimi tōgarashi* darüberstreuen.

Oyakodonburi oder kurz *oyakodon* wurde das erste Mal 1891 im Restaurant »Tamahide« in Tokio gekocht. Heute wird dieses in achter Generation betrieben und noch immer wird das Gericht nach alten Traditionen zubereitet. Wortwörtlich übersetzt bedeutet »oyakodonburi« so viel wie »Eltern-Kind-Schüssel«, was das Ganze gut zusammenfasst, denn *oyakodon* ist Hühnchen und Ei in einer Schüssel. Zubereitet wird das Gericht in einer speziellen Pfanne namens Oyako Nabe. Eine normale Pfanne tut's aber auch. *Oyakodon* zählt heute zu den bekanntesten Gerichten in ganz Japan. Besonders beliebt ist die Bowl mit Nagoya-Cochin-Hühnchen, das als Königin unter den Hühnchen gilt. Eben diese habe ich das erste Mal im Restaurant »Ichiou Nishiki« gekostet, das weit über die Grenzen von Nagoya hinaus für sein *nagoya cochin oyakodonburi* bekannt ist.

Oyakodonburi

Bowl mit Hühnchen und Ei auf Reis

Für 2 Personen

200 g Hühnerbrust
1 Zwiebel
150 ml dashi-Brühe
1 EL Sojasauce
1 EL mirin (süßer Reisweinessig)
1 Prise Zucker
500 g japanischer Rundkornreis
2 Eier

Zum Anrichten
1 Lauchzwiebel

Die Hühnerbrust in mundgerechte Stücke teilen. Die Zwiebel abziehen und in feine Scheiben schneiden.

Die *dashi*-Brühe in einer kleinen Pfanne erhitzen. Die Sojasauce, den *mirin* und den Zucker hinzufügen und aufkochen. Auf mittlerer Temperatur einige Minuten simmern lassen.

Den Reis nach Packungsangabe zubereiten.

Nun das Hühnchen in die Pfanne zur *dashi*-Brühe geben und darin etwa 10 Minuten garen. Anschließend die Zwiebel hinzufügen und alles einige Minuten weiterköcheln lassen. Dann die Eier leicht miteinander verquirlen, in die Pfanne geben und in 1–2 Minuten stocken lassen. Das Ei sollte nur halb gar sein.

Zum Anrichten die Lauchzwiebel in feine Ringe schneiden. Den Reis auf die Schüsseln verteilen und die Hühnchen-Ei-Mischung darübergeben. Mit den Lauchzwiebeln bestreuen.

Tipp: Die Japaner toppen ihre Bowl gerne zusätzlich mit einem rohen Eigelb.

Um die 50 Sake-Brauereien gab es einst in Takayama. Sieben davon sind noch übrig. Leicht erkennbar sind sie an den Sakefässern vor und den Zedernkugeln über der Tür.

録商標
深山菊
芳醸

Afrika, Ozeanien & Australien

Ein kulinarischer Roadtrip von der marokkanischen Sahara zu den Marquesas, den abgelegensten Inseln der Welt.

Marrakesch wird auf Grund der roten Festungsmauer und den roten Lehmhäusern innerhalb der Medina auch »die rote Stadt« genannt.

Marokko

Die marokkanische Küche ist geprägt durch berberische und arabische Einflüsse und hat daher viele Gemeinsamkeiten mit der Küche im gesamten Maghreb. Darüber hinaus findet man aber bedingt durch die geografische Nähe auch spanische sowie französische Einflüsse, schließlich war Marokko einst französische Kolonie. Die Franzosen brachten beispielsweise den Café au Lait und das Baguette nach Marokko. Insgesamt würde ich die marokkanische Küche wohl eher als einfach bezeichnen, doch sie lebt von den ausgezeichneten frischen Produkten: der marrokanischen Nanaminze, frischem Gemüse aus dem Atlasgebirge, feinen Oliven, Safran aus Taliouine, Datteln aus Tata, Honig aus Imouzzer, saftigen Granatäpfeln und Feigen, Orangenblütenwasser und den zahlreichen Gewürzen, wie Kreuzkümmel, Koriander, Zimt und Ingwer, sowie der marrokanischen Gewürzmischung Ras el-Hanout, die aus rund 30 verschiedenen gemahlenen Gewürzen besteht. Wer die marokkanische Küche wirklich kosten möchte, dem empfehle ich einen Besuch des Djemaa el Fna, Markt und vibrierendes Herz der Altstadt von Marrakesch und vermutlich der bekannteste, aber auch verrückteste Platz in ganz Afrika. Einst wurden am Djemaa el Fna, dem Platz der Gehängten, die aufgespießten Köpfe der Schwerverbrecher zur Schau gestellt. Heute findet man hier Gaukler, Schlangenbeschwörer mit ihren Kobras, Feuerschlucker, Wunderheiler und Märchenerzähler, aber auch Zahnärzte und Schuhputzer. Vor 1 000 Jahren machten hier die Nomaden mit ihren Kamelkarawanen halt, um ihren Geschäften in den Souks nachzugehen, heute sind es zumeist nur Touristen. Abends, sobald die Sonne hinter dem Atlasgebirge verschwindet, verwandelt sich der Djemaa el Fna. Dann werden auf dem Platz in erstaunlicher Geschwindigkeit Hunderte Garküchen aufgebaut. Es beginnt herrlich nach gegrilltem Fisch, Kebab und *kefta* (Hackfleischspießchen), Schnecken, Tajines und Couscous (Hartweizengrieß mit Gemüse und Fleisch) zu duften und man kann herrlich von einem Stand zum anderen schlendern und die verschiedenen Köstlichkeiten probieren. Besonders gut schmeckt es an Stand N°1 bei »Chez Aicha«, einer der wenigen Stände, der von einer Frau geführt wird. An Stand N°98 bei »Mustafa« gibt es den besten Fisch am Platz. Doch nicht nur aufgrund des Essens ist Marrakesch eine Reise wert. Zugegebenermaßen fordert mich die Stadt jedes Mal auf ein Neues heraus, bringt mich immer wieder an meine Grenzen und überfordert häufig all meine Sinne. Marrakesch ist laut, heiß und die Gerüche oft schwer erträglich. Als blonde, allein reisende Frau gleicht ein Spaziergang durch die Stadt häufig einem Spießrutenlauf und den Tag, an dem ich mich nicht mehr im labyrinthartigen Gassengewirr der Medina verirre, den wird es wohl nicht geben. Und dennoch liebe ich Marrakesch, diesen Traum von Tausendundeiner Nacht. Ich liebe es, mich durch die belebten Souks treiben zu lassen und all die betörenden exotischen Düfte aufzusaugen. Ich liebe es, die bunten Wollknäule am Souk Sebbaghine, dem Souk der Färber, zu bewundern. Ich liebe es, wenn der Schuster vom »La Maison des Babouches« mich morgens mit einem freundlichen Grinsen begrüßt, während er durch seine Brille mit Gläsern so dick wie Cola-Flaschenböden starrt, um dann an einem herrlichen Paar *babouches*, den traditionellen Schuhen der Berber, weiterzuarbeiten. Ich liebe es, mir am Djemaa el Fna einen frisch gepressten Orangensaft zu kaufen und anschließend durch den prachtvollen maurischen Bahia-Palast zu schlendern oder die Störche im El-Badi-Palast zu beobachten. Und ich liebe es, einen dampfend heißen *thé à la menthe* auf der Dachterrasse des Maison de la Photographie zu trinken und dabei den Ausblick über die roten Dächer von Marrakesch und das verschneite Atlasgebirge zu genießen.

Der Schuster vom »La Maison des Babouches«.

Der prachtvolle Bahia-Palast besitzt über 150 Räume, da kann man schon mal mehrere Stunden für eine Besichtigung einplanen.

Der Souk in der Medina von Marrakesch ist der größte Basar in Afrika – ein Ort zum Verlaufen.

Farbenfroh und handgewebt sind die marokkanischen Stoffe.

Etwa zwei Stunden entfernt von Marrakesch liegen die Ouzoud-Fälle hoch oben im Mittleren Atlasgebirge in der Provinz Azilal. Diese Wasserfälle sind die höchsten in Marokko – und auch die schönsten. In mehreren Kaskaden fallen sie über die roten Felsen, magisch spannt sich ein Doppelregenbogen darüber. Von den Restaurants an den mit Feigenbäumen und Oliven bewachsenen Hängen zieht der Dampf aus den Tajines gen Himmel. Die Gegend ist bekannt für ihre ausgezeichnete berberische Küche. An eben diesem magischen Ort kostete ich das erste Mal *lham bel barkouk*, diese herrlich würzige und zugleich süße Lamm-Tajine mit karamellisierten Backpflaumen. Allein der Duft, sobald ich den Deckel der Tajine anhob: nicht von dieser Welt! Und dazu der Ausblick von der kleinen Restaurantterrasse auf die Wasserfälle und den darunterliegenden See – atemberaubend!

Lham bel Barkouk

Tajine mit Lamm, karamellisierten Backpflaumen und Mandelkernen

Für 2 Personen

Für die karamellisierten Backpflaumen

10 Dörrpflaumen
2 EL Orangenblütenwasser
1 EL Zucker
1 TL Zimt

Für die Tajine

500 g Lammschulter ohne Knochen
1 rote Zwiebel
2 EL Olivenöl
½ TL Cayennepfeffer
½ TL Kurkumapulver
1 TL Ingwerpulver
½ TL gemahlener Kreuzkümmel
½ TL Ras el-Hanout (nordafrikanische Gewürzmischung)
½ TL Salz
½ TL frisch gemahlener weißer Pfeffer
2 Lorbeerblätter
1 Bund frische Petersilie
1 Bund frischer Koriander
1 Tomate
1 Zehe Knoblauch

Für die karamellisierten Backpflaumen die Pflaumen zusammen mit dem Orangenblütenwasser, dem Zucker und dem Zimt aufkochen. Abgedeckt sanft köcheln lassen, bis die Pflaumen weich sind. Dann beiseitestellen.

Für die Tajine die Lammschulter grob zerteilen. Die Zwiebel abziehen, halbieren und in Scheiben schneiden. Die Tajine erhitzen, das Olivenöl hinzufügen und die Zwiebeln darin bei mittlerer Temperatur karamellisieren lassen. Anschließend das Fleisch hinzufügen und abgedeckt etwas schmoren lassen.

In der Zwischenzeit den Cayennepfeffer, das Kurkumapulver, das Ingwerpulver, das Kreuzkümmelpulver, das Ras el-Hanout, das Salz und den Pfeffer mit 100 ml Wasser verrühren. Die Lorbeerblätter anschließend zugeben.

Die Petersilie und den Koriander grob hacken. Die Tomate klein würfeln. Den Knoblauch abziehen und fein hacken. Anschließend alles über das Fleisch in der Tajine geben. Die vorbereitete Gewürzmischung darübergießen und zuletzt die Pflaumen mit dem entstandenen Saft in der Tajine verteilen. Alles einmal kurz aufkochen, dann mit Deckel bei niedriger Temperatur etwa 1 Stunde schmoren lassen.

Köstlich duftet es aus den Tajines vor den Restaurants an den Hängen oberhalb der Ouzoud-Fälle.

Zum Anrichten

1 Handvoll geschälte Mandelkerne

1 EL Olivenöl

Außerdem

Tajine (alternativ ein hoher gusseiserner Topf)

Zum Anrichten das Olivenöl bei mittlerer Temperatur in einer Pfanne erhitzen und die Mandelkerne darin goldbraun rösten. Das Lamm mit den karamellisierten Pflaumen direkt in der Tajine servieren. Vor dem Servieren mit den angerösteten Mandelkernen bestreuen. Dazu isst man in Marokko Couscous.

Da saß ich nach einem langen Kamelritt in einem Camp in Zagora im Drâa-Tal. Einer meiner Begleiter, ein Berbernomade, schenkte kunstvoll zuckersüßen marrokanischen Minztee in kleine Gläser. Um mich herum nichts als Stille, nur das leise Blubbern der Kamele unterbrach diese ab und an. Die Sonne verschwand langsam hinter den Sanddünen der Sahara und tauchte die Wüste in ein geradezu magisches Licht. Nie zuvor hatte Minztee so gut geschmeckt wie hier, obwohl es den Tee wirklich überall in Marokko gab. Er ist mehr als ein Getränk. Er ist ein fester Bestandteil der marrokanischen Kultur und ein Symbol der Gastfreundschaft. Betritt man ein marokkanisches Geschäft, wird erst einmal Tee serviert. Trifft man Freunde, trinkt man erst einen Tee zusammen. Auch eine Mahlzeit ohne Tee gibt es in Marokko nicht. Die hohe Kunst der Teezubereitung gilt in der marrokanischen Kultur als wichtige Fähigkeit.

Thé à la Menthe

Marokkanischer Minztee

Für 0,5 l

100 g Zucker
1 EL gunpowder *(chinesischer Grüntee)*
1 kleiner Bund frische Nanaminze (oder andere Minze)

1 l Wasser aufkochen. Den *gunpowder* in eine Kanne geben und mit wenig heißem Wasser aufgießen. 1 Minute ziehen lassen. Die entstandene Tee-Essenz in ein Glas abseihen und aufbewahren. Den *gunpowder* erneut mit wenig heißem Wasser überbrühen, abgießen und die Flüssigkeit wegschütten. Die Tee-Essenz zurück in die Kanne zum *gunpowder* geben und mit heißem Wasser auffüllen. Die Kanne auf den Herd stellen und den Tee 5 Minuten aufkochen.

Nun den Zucker hinzufügen. Die Minze etwas zusammenbiegen und ebenfalls in die Kanne geben. Den Minztee 3 Minuten ziehen lassen, dann umrühren.

Zum Servieren gießt man in Marokko den Minztee in hohem Bogen in kleine Kristallgläser.

Info: Die Grundlage dieses Nationalgetränks bildet grüner Tee genauer gesagt *gunpowder*, der bereits seit dem 9. Jahrhundert aus China importiert wird. Dazu kommt frische marokkanische Minze, auch Nanaminze genannt, die milder ist als die bei uns übliche Pfefferminze. Da der Grüntee aufgekocht wird und anschließend in der Kanne verbleibt, lösen sich die Bitterstoffe. Aus diesem Grund süßt man den Tee in Marokko mit sehr viel Zucker – zu viel Zucker gibt es nicht.

Der Duft frischer Nanaminze erfüllt die Straßen von Marrakesch.

Der farbenfrohe Hindu-Tempel Arul Mihu Navasakthi Vinayagar in der Hauptstadt Victoria.

Die Muskatnuss wächst und gedeiht auf den Seychellen prächtig und gehört in jedes gute Curry.

Seychellen

Die Strände der Seychellen gehören zu den schönsten im Indischen Ozean, vielleicht sogar zu den schönsten der Welt. Doch auch die Küche der Seychellen gilt als eine der besten im Indischen Ozean. Geprägt ist die typisch kreolische Küche des Landes durch Einflüsse aus Frankreich, England, aber auch Afrika und Indien. Sie ist ebenso bunt und vielfältig wie die Bevölkerung der Seychellen. Exotische asiatische und indische Gerichte gehen hier eine Fusion mit Aromen des Orients, heimischen Gewürzen und europäischer Kochkultur ein.

Grundlage der Küche bilden immer Reis und tropische Früchte, wie Passionsfrucht, Jackfruit, Mango, Papaya und natürlich die Kokosnuss. Dazu kommen frische heimische Meeresfrüchte und Fische, wie beispielsweise Thunfisch, Barrakuda oder Red Snapper. Nicht gespart wird an Gewürzen. Besonders Currymischungen, aber auch Vanille, Zimt, Nelken, Muskatnuss, Chili, Ingwer und Knoblauch sind äußerst beliebt. So wundert es dann auch nicht, dass Fisch- und Meeresfrüchtecurrys zu den typischen Gerichten der Inseln zählen. Besonders geschätzt wird das Oktopuscurry. Darüber hinaus isst man Fisch und Meeresfrüchte aber auch gerne frisch vom Grill mit einer kreolischen Tomatensauce. Beliebt sind außerdem Fischsuppen nach französischem Vorbild und die bekannte Muschelsuppe *tec-tec*.

Dazu reicht man heimisches *seabrew-Bier*, teuer importierten Wein oder den allseits beliebten Takamaka-Rum. Besonders der Coco-Rum mit Sprite ist sehr erfrischend, aber genauso mit Vorsicht zu genießen wie *kalou*, ein vergorener Wein aus den Blütenständen der Kokospalme, und der rumähnliche *buka*, der von den meisten Seychelloises zu Hause gebraut wird.

Die Anse Intendance zählt zu den schönsten Stränden der Welt.

Nirgends sind die Sonnenuntergänge schöner als auf Rolands Terrasse im »Anse Takamaka View Guesthouse«.

Kari zourit, Oktopuscurry, zählt zu den beliebtesten Gerichten der Seychellen und spiegelt wunderbar die unterschiedlichen Kulturen des Landes wider. Ursprünglich kommt das kreolische Curry von der kleinen Trauminsel Praslin, gilt aber mittlerweile als Nationalgericht der Seychellen und wird in nahezu jedem Restaurant auf den Inseln serviert. Ich durfte dieses himmlische Curry das erste Mal zu einem Barbecue bei meinem Bekannten Roland im »Anse Takamaka View« kosten – was für eine Geschmacksexplosion und ein unvergesslicher Abend unter dem Sternenhimmel von Mahé!

Kari Zourit

Kreolisches Oktopuscurry

Für 4 Personen

1 großer, küchenfertiger Oktopus
4 Zehen Knoblauch
3 cm frischer Ingwer
2 Auberginen
3 EL Sonnenblumenöl
3 g gemahlener Safran
1 TL Garam Masala
3 Stangen Zimt
1 l Kokosmilch
Salz
frisch gemahlener schwarzer Pfeffer

Wasser in einem großen Topf aufkochen, etwas Salz hinzufügen und den Oktopus darin 1–1 ½ Stunden bei mittlerer Temperatur köcheln lassen. Der Oktopus ist gar, wenn man eine Gabel hineinstecken und diese ganz leicht wieder herausziehen kann. Den Oktopus anschließend herausnehmen und in mundgerechte Stücke teilen.

Den Knoblauch abziehen, den Ingwer schälen und beides fein hacken. Die Auberginen klein würfeln.

Das Öl in einem großen Topf bei mittlerer Temperatur erhitzen. Den Knoblauch und den Ingwer darin anschwitzen. Anschließend den Safran, das Garam Masala und die Zimtstangen hinzufügen. Den Oktopus zugeben und alles unter Rühren kurz anschwitzen. Dann die Kokosmilch angießen und das Curry abgedeckt bei niedriger Temperatur 15 Minuten köcheln lassen.

Das Curry mit Salz und Pfeffer abschmecken, dann die Auberginenwürfel hinzufügen. Erneut 5 Minuten köcheln lassen, bis die Auberginen gar sind.

Zum Anrichten das Curry auf die Teller verteilen und weißen Reis dazureichen.

Zuckersüß und saftig sind die Mangos auf den Seychellen. So gut wie nirgends sonst auf dieser Welt, finde ich. Gegessen werden Mangos hier einfach pur, am besten frisch vom Baum. Aber auch Mangosaft und sündhaft gute Mangodesserts findet man auf den Inseln. Ein Klassiker ist der kreolische Mangosalat, der zu gegrilltem Fisch oder auch zu kreolischen Currys gereicht wird.

Créole Mango Salad

Kreolischer Mangosalat

Für 2 Personen

1 große süße, reife Mango
1 Schalotte
1 rote Chilischote
3 EL Olivenöl
1 EL flüssiger Honig
Saft von 1 Limette
Salz
frisch gemahlener schwarzer Pfeffer

Die Mango schälen und mit einem Sparschäler in breite Streifen schneiden. Die Schalotte abziehen und in Spalten schneiden. Die Chili halbieren und in Streifen schneiden.

In einer Schüssel das Öl, den Honig und den Limettensaft mischen. Die Mango-, Chili- und Schalottenstreifen hinzufügen. Den Salat mit Salz und Pfeffer abschmecken.

Den Salat in einer Schüssel oder auf den Tellern anrichten und zum *kari zourit* (siehe Seite 150) servieren.

Der Haka, der polynesische Kriegstanz, kann durchaus Furcht einflößen.

Französisch-Polynesien

Tama'a ist das tahitianische Wort für »Essen« und ohne das geht in Französisch-Polynesien gar nichts. Hier isst man nicht einfach nur, um satt zu werden. Man isst immer, mindestens fünf Mal am Tag, gerne auch öfter, was man den meisten Polynesiern zugegebenermaßen auch ansieht. Geprägt ist die Küche Französisch-Polynesiens durch lokale tahitianische Einflüsse, aber auch durch die Küche der chinesischen Einwanderer und die der französischen Kolonialherren. So trifft hier Baguette und Béchamelsauce auf Kokosmilch, tropische Früchte und rohen Thunfisch. Sehr beliebt ist auch das chinesische Gericht *chao men* (gebratene Nudeln). Ein klassisches Inselgericht ist *ma´a tinito*, was übersetzt so viel wie »chinesische Mahlzeit« bedeutet. Das Gericht, bestehend aus roten Bohnen, Schweinebauch, Chinakohl und Makkaroni, fand in den 1930er-Jahren seinen Weg von Kanton nach Polynesien und wurde hier dem lokalen Geschmack mit lokalen Produkten angepasst. Auch das Kokosbrot findet man überall. Auf den Tuamotus sind es kleine runde Brote, die auf dem offenen Feuer gebacken werden, auf Tahiti dagegen handelt es sich um ein briocheähnliches, kastenförmiges Brot. *Poisson cru*, roher Thunfisch in Kokosmilch, ist das Nationalgericht und findet sich ebenfalls überall in Französisch-Polynesien. So auch *po'e*, das Lieblingsdessert der Polynesier.

Während sich das Essen in ganz Französisch-Polynesien gleicht, unterscheiden sich die über 100 Inseln, die sich in die Austral-, Gambier-, Marquesas-, Gesellschafts- und Tuamotu-Inseln aufteilen, landschaftlich und kulturell sehr. Denkt man an Französisch-Polynesien, das französische Überseegebiet im Südpazifik, denkt man vermutlich immer zuerst an Bora Bora und die Gesellschaftsinseln, die wohl wie kein anderer Ort auf der Welt das Paradies verkörpern. Ich persönlich finde andere Inseln wesentlich faszinierender: Tahiti mit seinen schwarzen Stränden oder auch den Tuamotu-Archipel, die größte Gruppe von Korallenatollen weltweit.

Das Puamau-Tal auf Hiva Oa erinnert ein wenig an »Jurassic Park«.

Doch das Paradies auf Erden, an das ich mein Herz komplett verloren habe, sind für mich die Marquesasinseln, auf Polynesisch *te fenua enata* – das Land der Männer. Die Marquesas zählen zu den abgelegensten Inseln der Welt. Gerade einmal sechs der 14 Inseln sind heute bewohnt. Manche davon haben einen kleinen Flughafen, andere erreicht man bis heute nur auf einer abenteuerlichen Reise auf dem Frachtschiff Aranui zusammen mit den tätowierten Nachfahren der größten Seefahrer aller Zeiten. Diese Reise zählt sicherlich zu den letzten großen Abenteuern und war für mich die Reise meines Lebens.

Die Frauen Fatu Hivas gelten als Meisterinnen der Tapa-Kunst, bei der mit Russ traditionelle Motive auf papyrusähnliches Papier gezeichnet werden.

Der Umu Hei ist ein Blumengesteck, das marquesanische Frauen zu festlichen Anlässen zusammen mit einem Blumenkranz tragen.

»Aranui« bedeutet auf Marquesanisch »der große Weg« und auf diesen großen Weg nimmt einen das Frachtschiff Aranui wahrlich mit.

Betritt man die Markthalle der tahitianischen Hauptstadt Papeete, strömt einem der herrliche Duft der Tiare, der tahitianischen Nationalblume, sowie von Vanille und Kokos entgegen. Der Kokosduft geht von den Ständen mit dem traditionellen *le faraoa coco* bzw. *pain coco* aus, einer Mischung aus Brot und Brioche mit Kokosmilch, die zum Frühstück mit frischen Früchten, Marmelade oder Nutella gegessen wird, aber auch zu herzhaften Gerichten wie *poisson cru* (siehe Seite 158).

Le Faraoa Coco

Tahitianisches Kokosbrot

Für 1 Kastenform (25 cm)

6 g Trockenhefe
2 EL lauwarmes Kokoswasser
250 g Weizenmehl (Type 405) plus etwas mehr zum Arbeiten
3 EL Kokosblütenzucker
Salz
160 ml Kokosmilch
1 EL Kokosöl

Die Hefe mit dem Kokoswasser verrühren und warten, bis die Mischung schäumt.

In einer großen Schüssel das Mehl, den Kokosblütenzucker und 1 Prise Salz mischen. Eine Mulde formen, die Hefe und die Kokosmilch in die Mulde geben und mit den Händen verkneten, bis der Teig elastisch ist und nicht mehr an den Fingern klebt. Die Teigkugel mehlen und in der Schüssel abgedeckt 1 Stunde gehen lassen.

Den aufgegangenen Teig erneut durchkneten und dann in vier gleich große Kugeln teilen. Eine Kastenform mit dem Kokosöl einfetten. Die Teigkugeln nebeneinander in die Kastenform legen. Abgedeckt erneut 45 Minuten gehen lassen.

Das Kokosbrot im vorgeheizten Backofen bei 150 °C Umluft 45 Minuten backen. Anschließend etwas abkühlen lassen und dann aus der Form lösen. Am besten schmeckt das Brot lauwarm.

Poisson cru à la tahitienne, das Nationalgericht Französisch-Polynesiens, heißt auf Tahitianisch *e'ia ota*, was so viel wie »Fisch roh« bedeutet, und genau das ist es auch: roher Gelbflossenthunfisch – verbunden mit Limettensaft, frischer Kokosmilch und Gemüse. Das erste Mal habe ich diesen herrlich frischen Salat vor vielen Jahren auf dem kleinen Motu Eta – mit den Füßen im türkisblauen, glasklaren Wasser, um mich herum zahlreiche kleine Riffhaie – gegessen. Am Horizont dunkle Gewitterwolken und ein Regenbogen. Sobald ich heute *poisson cru à la tahitienne* auf einer Speisekarte lese, stellt sich mir die Frage, was ich bestellen werde, nicht mehr – egal, ob an den Roulottes am Place Vaiete in Tahiti, bei »Snack Mahana« auf Moorea oder bei »Mami Yvonne« auf Nuku Hiva. In Französisch-Polynesien gibt es einfach den besten frischen Thunfisch der Welt und ich bin süchtig danach.

Poisson cru à la Tahitienne

Polynesischer Thunfischsalat

Für 2 Personen

1 Tomate
½ Bio-Salatgurke
1 kleine Zwiebel
2 Zehen Knoblauch
etwa 1 cm frischer Ingwer
1 kleine Karotte
300 g sehr frischer Thunfisch in Sushi-Qualität
Salz
frisch gemahlener schwarzer Pfeffer
Saft von 1 Limette
100 ml Kokosmilch

Die Tomate und die Gurke entkernen und würfeln. Die Zwiebel und den Knoblauch abziehen und ebenfalls würfeln. Den Ingwer schälen und fein hacken. Die Karotte schälen und raspeln.

Den Thunfisch würfeln und mit dem Gemüse in einer Schüssel vermengen. Den Salat mit Salz und Pfeffer abschmecken, den Limettensaft hinzufügen und zu guter Letzt die Hälfte der Kokosmilch untermischen.

Den *poisson cru* sofort servieren. Die restliche Kokosmilch dazureichen. In Französisch-Polynesien isst man dazu Pommes frites oder Reis oder beides.

Po'e, gesprochen »poh-eh«, ist ein traditionelles Dessert aus Französisch-Polynesien. Zumeist wird *po'e* mit Bananen zubereitet, aber auch Papaya, Mango oder Kürbis werden gerne verwendet. Traditionell wird der Pudding, in Bananenblätter gewickelt, im Umu, dem tahitianischen Erdofen, gebacken und zu tahitianischen Tamara'a-Barbecues serviert. Doch zu Hause wird der Pudding mittlerweile auch in Polynesien, wie im folgenden Rezept, im Backofen zubereitet.

Po'e

Tahitianischer Bananen-Pudding

Für 6 Personen

8 überreife Bananen
120 g brauner Zucker
120 g Maisstärke
1 TL Vanilleextrakt
1 EL Kokosöl

Zum Anrichten
1 Dose Kokoscreme (400 ml)

Die Bananen schälen und pürieren. Dann mit 100 g Zucker und der Maisstärke gut vermischen. Zu guter Letzt das Vanilleextrakt unterheben. Eine Auflaufform mit dem Kokosöl einfetten und die Bananenmasse hineinfüllen.

Im vorgeheizten Backofen bei 200 °C Umluft 30 Minuten backen. Anschließend aus dem Ofen nehmen, abkühlen lassen und dann abgedeckt im Kühlschrank 2 Stunden ruhen lassen.

Den *po'e* in Würfel schneiden, auf Schüsseln oder Kokosnussschalen verteilen, mit Kokoscreme toppen und nach Belieben mit dem übrigen braunen Zucker bestreuen.

In Neuseeland leben mehr Kühe als Menschen.

Neuseeland

Die ersten europäischen Siedler, Engländer und Schotten, brachten Lebensmittel und Esskultur ihrer Heimat mit nach Neuseeland (in der Sprache der Māori *aotearoa*, »Land der langen weißen Wolke«) und versuchten, diese zu etablieren. So aß und isst man zum Frühstück gerne Porridge. Ebenfalls beliebt sind Lammfleisch mit Minzsauce, aber auch *meat pies, minced pies* und Fish & Chips. Eine kulinarische Delikatesse sind die berühmten neuseeländischen Bluff-Austern aus der gleichnamigen Stadt im Süden des Landes. Sie gelten als besonders fleischig und saftig. Eine Spezialität, die man ebenfalls nur in Neuseeland findet, sind *whitebait pancakes*, knusprige Pfannkuchen mit winzigen Whitebait-Jungfischen. Ansonsten liebt der »Kiwi« sein *»barbie«* – das BBQ – und wenn in Neuseeland gegrillt wird, dann gerne auch mal den ganzen Tag lang. Darüber hinaus haben die Neuseeländer ein Faible für Backwaren aller Art und Süßes im Allgemeinen. Beliebt ist der *Louise cake* (ein Kokosbaiser-Kuchen), das Biskuitgebäck *lamingtons, ANZAC biscuits* (Haferflockenkekse) und *hokey pokey* (eine Art Toffee), aber auch die Pavlova (eine Baisertorte mit Sahne und Früchten). Bis heute streiten sich Australien und Neuseeland darüber, wer nun die Pavlova erfunden hat. Beide Länder beanspruchen diese als Nationalgericht. Die Māori, die Ureinwohner Neuseelands, ernährten sich schon immer hauptsächlich von Beeren und traditionellem Wurzelgemüse, wie *kumara* (Süßkartoffel), Taro und Yams, als auch von Meeresfrüchten, Wildschwein und Vögeln. Der Versuch der Missionare, die Māori an europäische Essgewohnheiten zu gewöhnen, war glücklicherweise nur zum Teil von Erfolg gekrönt. So kann man auch heute bei traditionellen Festen noch beobachten, wie die Māori Fisch, Fleisch und Wurzelgemüse, Kürbis oder auch Kohl in angefeuchtete Flachssäckchen packen und im *hāngi*, dem traditionellen Erdofen, zubereiten. Das Fleisch und Gemüse erhält durch diesen Kochprozess eine rauchige, erdige und einzigartige Note. Wer dagegen mehr über die moderne Küche der Māori und *kiwiana* (die neuseeländische Identität) erfahren möchte, dem sei ein Besuch des Restaurants »Hiakai« von Monique Fiso in Wellington empfohlen.

Majestätisch erheben sich die höchsten Berge Neuseelands hinter dem Lake Tekapo.

»Die ältesten Pfannkuchen der Welt« – die Pancake Rocks im Paparoa National Park bei Punakaiki.

Louise cake, ein zuckersüßer Biskuitkuchen mit Himbeermarmelade und knusprigem Kokosbaiser-Topping, ist der wohl beliebteste Kuchen in Neuseeland. Einer dieser typischen Kuchen, wie ihn einst schon Oma gebacken hat. Ein wenig altmodisch, doch findet man ihn heute in praktisch jedem Hipster-Café in Auckland und Christchurch wieder. Man sagt, er wurde das erste Mal für die Hochzeit von Prinzessin Louise, der Tochter von Königin Victoria, gebacken und das Rezept später von britischen Siedlern nach Neuseeland gebracht.

Louise Cake

Kokosbaiser-Kuchen aus Neuseeland

Für 1 Springform (Ø 24 cm)

Für den Biskuitboden
100 g weiche Butter
50 g Zucker
3 Eigelb
1 TL Vanilleextrakt
250 g Weizenmehl (Type 405)
1 TL Backpulver
1 Prise Salz
150 g Himbeerkonfitüre
2 TL Zitronensaft

Für das Kokosbaiser
3 Eiweiß
1 TL Maisstärke
150 g Zucker
100 g Kokosraspel
20 g Kokosflakes

Für den Biskuitboden die Butter und den Zucker cremig schlagen. Dann das Eigelb und das Vanilleextrakt unterrühren. Das Mehl, das Backpulver und das Salz mischen und mit der Butter-Ei-Creme zu einem Teig verarbeiten. Diesen in eine gefettete Springform verteilen und etwas andrücken. Die Himbeerkonfitüre mit dem Zitronensaft mischen und auf dem Biskuitboden verteilen.

Für das Kokosbaiser das Eiweiß mit der Maisstärke steif schlagen. Nach und nach den Zucker einrieseln lassen, dabei weiterquirlen, bis die Baisermasse dick und glänzend ist. Die Kokosraspel unterheben und das Baiser anschließend auf dem Kuchen verteilen. Zu guter Letzt mit den Kokosflakes bestreuen.

Den Kuchen im vorgeheizten Backofen bei 180 °C Umluft auf der untersten Schiene 30 Minuten backen. Anschließend aus dem Ofen nehmen und vor dem Servieren abkühlen lassen.

Ein Weihnachtsfest ohne Pavlova gibt es in Australien nicht. Wobei Weihnachten dort in den Hochsommer fällt und die Pavlova daher das perfekte Sommerdessert ist – kühl, leicht und fruchtig kommt die wolkengleiche Baisertorte daher. Außen knusprig, im Inneren wie ein Marshmallow, obenauf Sahne und Beeren. Es ist bis heute umstritten, ob die Pavlova nun aus Australien oder Neuseeland kommt. Beide Länder beanspruchen sie für sich. Sicher ist nur, dass das Dessert nach der russischen Ballerina Anna Pawlowa benannt wurde, die in den 1920er-Jahren in beiden Ländern aufgetreten war. In Australien sagt man, der deutschstämmige Küchenchef Herbert Sachse habe die Pavlova-Torte 1935 im Hotel »Esplanade« in Perth erfunden und damals darüber gesagt, sie sei »leicht wie die Pawlowa« und sehe aus wie das Tutu der berühmten Ballerina. Allerdings gibt es in einem neuseeländischen Kochbuch aus dem Jahr 1929 bereits ein Rezept für Pavlova Cakes, wobei es sich dabei um mehrere kleine Törtchen handelte.

Pavlova

Baisertorte aus Australien

Für 8 Personen

Für die Baisermasse

6 Eiweiß (Raumtemperatur)
1 Prise Salz
180 g Puderzucker
3 TL Maisstärke
1 TL Essig
1 TL Vanilleessenz

Zum Anrichten

250 g flüssige Sahne
saisonale Beeren

Für die Baisermasse das Eiweiß mit dem Salz in einer sauberen, fettfreien Schüssel steif schlagen. Nach und nach den Puderzucker zufügen und dabei auf hoher Stufe weiterrühren, bis eine glänzende Masse entstanden ist. Die Maisstärke mit dem Essig und der Vanilleessenz glatt rühren und anschließend unter das Eiweiß ziehen.

Den Backofen auf 130 °C Umluft vorheizen. Auf die Unterseite eines Backpapiers einen großen Kreis (Ø etwa 25 cm) aufzeichnen und dieses auf ein Backblech legen. Die Baisermasse nun innerhalb des Kreises auftürmen und mit einem Teigschaber in Form bringen. Die Ränder sollten etwas höher sein, in der Mitte eine kleine Mulde für die Füllung.

Die Temperatur des Backofens auf 100 °C Umluft reduzieren und die Pavlova auf der untersten Schiene 75 Minuten backen. Anschließend den Ofen ausschalten und die Pavlova 1 Stunde im Backofen auskühlen lassen. Den Backofen währenddessen auf keinen Fall öffnen, sonst fällt die Pavlova zusammen.

Zum Anrichten die Sahne steif schlagen und die Pavlova damit und mit den frischen Beeren toppen.

Meat pies isst man in Down Under bei Rugbyspielen, als Mitternachtssnack im Pub oder auch als schnelles Mittagessen. Die kleinen Fleischpasteten sind der beliebteste Snack Australiens. Klassisch wird der Boden aus Mürbeteig gemacht. Gefüllt werden die Pasteten mit einem herzhaften Rindfleischragout. Den krönenden Abschluss eines jeden *Aussie meat pies* bildet der Deckel aus Blätterteig. Gegessen wird mit den Händen, niemals mit Besteck.

Aussie Meat Pies

Australische Fleischpasteten

Für 6 Pasteten

Für den Mürbeteig

270 g Weizenmehl (Type 405) plus etwas mehr zum Arbeiten

1 TL Salz

150 g kalte Butter, gewürfelt

Für die Füllung

1,2 kg Rinderkamm

1 Zwiebel

2 Zehen Knoblauch

3 EL Olivenöl

5 EL Weizenmehl (Type 405)

320 ml Rinderbrühe

750 ml trockener Rotwein

2 EL Tomatenmark

1 TL Worcestershiresauce

2 Lorbeerblätter

Salz

frisch gemahlener schwarzer Pfeffer

Für den Mürbeteig das Mehl, das Salz und die Butter von Hand zu einem krümeligen Teig verarbeiten. Anschließend 5 EL eiskaltes Wasser hinzufügen und alles zu einem homogenen Teig verkneten. Gegebenenfalls noch etwas mehr Wasser zugeben. Den Teig dann abgedeckt mindestens 1 Stunde im Kühlschrank ruhen lassen.

Für die Füllung das Rindfleisch in mundgerechte Stücke schneiden. Die Zwiebel und den Knoblauch abziehen und würfeln. 2 EL Öl in einem großen Topf erhitzen und das Fleisch darin portionsweise von allen Seiten scharf anbraten. Das Fleisch dann herausnehmen und beiseitestellen.

Die Temperatur reduzieren und das restliche Öl in den Topf geben. Die Zwiebel und den Knoblauch darin anschwitzen. Nun das Mehl darüberstauben, kurz anschwitzen und unter Rühren die Rinderbrühe zugeben. Sobald das Mehl glatt gebunden ist, den Rotwein angießen. Dann das Tomatenmark, die Worcestershiresauce und die Lorbeerblätter hinzufügen. Diese Sauce mit Salz und Pfeffer würzen. Anschließend das Fleisch zurück in den Topf geben und abgedeckt für knapp 2 Stunden bei niedriger Temperatur simmern lassen. Dann den Deckel entfernen und das Ragout 45 Minuten bei mittlerer Temperatur weiterkochen, bis eine dickflüssige Sauce entstanden ist. Das Ragout anschließend auskühlen lassen.

Außerdem

6 Pie-Formen (Ø 12 cm)
getrocknete Erbsen zum Blindbacken
1 Packung frischer Blätterteig (275 g)
1 Ei

Für die Pies den Mürbeteig auf einer bemehlten Arbeitsfläche 2–3 mm dünn ausrollen. Sechs große Kreise (Ø etwa 15 cm) aus dem Mürbeteig ausschneiden. Die Formen mit dem Teig auskleiden. Den Teig mit Pergamentpapier abdecken, darauf die Erbsen verteilen und die Pies im vorgeheizten Backofen bei 180 °C Umluft 20 Minuten blindbacken. Anschließend die Formen aus dem Ofen nehmen, die Erbsen und das Pergament entfernen. Die ungefüllten Pies für weitere 5 Minuten backen, bis sie goldbraun sind.

Nun die Pie-Böden mit dem Ragout füllen. Dann sechs Kreise (Ø 12 cm) aus dem Blätterteig ausschneiden. Das Ei verquirlen und die Ränder der Blätterteigkreise damit einpinseln. Den Blätterteig als Deckel auf die Pasteten legen und gut andrücken, um die Pasteten zu schließen. Den Blätterteig mit Ei bestreichen und ein kleines Loch in jeden Deckel schneiden. Die Pies im vorgeheizten Ofen bei 180 °C Umluft in 30 Minuten goldbraun backen.

Die *meat pies* heiß servieren. In Australien isst man sie mit Ketchup.

Die Sonnenuntergänge auf der Brooklyn Bridge in New York sind spektakulär. Dazu am besten »Empire State of Mind« von Alicia Keys auf die Ohren für das ultimative New-York-Feeling.

Amerika & Karibik

Ein kulinarischer Roadtrip von New York nach Salvador da Bahia, der »brasilianischen Hauptstadt der Freude«.

Der Skyline Trail ist der wohl bekannteste Wanderweg im Cape Breton Highlands National Park.

Kanada

Denkt man an Kanada, denkt man an unendliche Weiten, majestätische Berge, endlose Wälder, reißende Flüsse, Elche und Bären. Die natürlichen Gegebenheiten des Landes prägen auch die Küche Kanadas. So isst man hier gerne Wild und Lachs. Ahornsirup zählt zu den beliebtesten Zutaten überhaupt, schließlich ist der Ahorn sogar das Wahrzeichen von Kanada. Darüber hinaus werden in der kanadischen Küche auch gerne Beeren, vor allem Cranberries und Blaubeeren, zum Kochen und Backen verwendet. Doch nicht nur die natürlichen Gegebenheiten des Landes prägen die Esskultur, sondern auch dessen Einwohner. Internationale Einflüsse haben durch die Immigranten längst den Weg in die kanadische Küche gefunden. So findet man in Ontario hauptsächlich britische und deutsche Küche. Jüdische, skandinavische und ukrainische Einflüsse prägen die Küche der Prärieprovinzen Alberta, Saskatchewan und Manitoba. Angelsächsische Traditionen und Rezepte aus der Normandie findet man in der Provinz Quebec. Dazu kommen die Einflüsse der drei indigenen Gruppen – First Nations, Métis und Inuit.

Nova Scotia wird auch die »Hummer-Provinz« genannt. Hummer hat hier eigentlich fast immer Saison.

Kulinarisch besonders reizvoll finde ich die kanadischen Atlantikprovinzen Nova Scotia, New Brunswick und Prince Edward

Island (PEI). Aus diesen kommt ein Großteil der weltweiten Produktion an wilden Blaubeeren. PEI ist berühmt für seine Kartoffeln und Äpfel. Darüber hinaus sind die Provinzen fischreich, so findet man überall Lachs, frischen Thunfisch und vor allem Lobster auf den Speisekarten. Berühmt sind auch die Jakobsmuscheln aus Digby.

Indian Summer vom Feinsten am Franey Mountain auf Cape Breton Island.

Auf der Kap-Breton-Insel, die im Nordatlantik am Sankt-Lorenz-Golf liegt, trifft man zudem auf eine einzigartige Mischung kulinarischer Einflüsse der einstigen französischen und britischen Kolonialherren und Esstraditionen der Mi'kmaq-Indianer. Cape Breton Island, einst französisches Kolonialgebiet, wird noch heute von den Akadiern, den Nachfahren französischer Siedler aus dem Poitou, der Bretagne und der Normandie, bewohnt. So findet man hier zahlreiche Spezialitäten französischen Ursprungs, wie zum Beispiel den *rappie pie* (ein traditioneller akadischer Kartoffelauflauf) oder *fricot* (ein Eintopf aus Kartoffeln, Zwiebeln und Fleisch, belegt mit Knödeln). Beliebt ist auch französisches Gebäck, wie *pain au chocolate* oder Croissants.

Später wurde Cape Breton Island von britischen Truppen erobert. Nach und nach siedelten sich auf Cape Breton dann schottische Siedler an, die durch die Highland Clearances aus ihrer Heimat vertrieben wurden. So prägen heute auch schottische Küchentraditionen Cape Breton und in Glenville findet man sogar eine Destillerie, die »Glenora Inn & Distillery«, in der der einzige Single Malt Whisky Kanadas produziert wird. Doch nicht nur kulinarisch gesehen ist die Kap-Breton-Insel reizvoll, die Landschaft ist atemberaubend, ganz besonders im Indian Summer, wenn die Bäume sich langsam verfärben. Im Herbst zeigt sich die Natur hier von ihrer spektakulärsten Seite und dieses Schauspiel genießt man am besten auf einem Roadtrip auf dem Cabot Trail, eine der schönsten Panoramastraßen Kanadas. Die 300 Kilometer lange Ringstraße führt von Ingonish im Osten durch die Cape Breton Highlands, die wirklich an die schottischen Highlands erinnern, bis in das kleine Örtchen Chéticamp an der Westküste, das einen mit französischem Charme und blau-weiß-roten Flaggen empfängt. Die Verlängerung der Strecke ist der sogenannte Ceilidh Trail, der sich von Port Hastings in 1 000 Kurven an der Westküste entlangschlängelt. Hier leben die Nachfahren der schottischen Siedler, hier wird Gälisch gesprochen und keltische Kultur gelebt. Der abendliche Besuch eines Pubs in Mabou ist ein Muss, um den keltischen Klängen zu lauschen,und das ein oder andere Bier zu genießen. Mabou gilt als Hotspot für keltische Musik am Cape Breton und im »Red Shoe Pub«, dem Pub der kanadischen Musikgruppe »The Rankin Family«, finden regelmäßig traditionelle schottische *ceilidhs* (Tanzveranstaltungen) statt.

Herrlich lässt es sich im Herbst durch die akadischen Wälder am Cape Breton wandern.

Nirgends fängt man so viel Hummer wie in den ostkanadischen Atlantikprovinzen Nova Scotia, New Brunswick und Prince Edward Island – und das ganzjährig. Daher gibt es dort überall zu wirklich erschwinglichen Preisen frischen Hummer vom Grill, *lobster rolls, lobster poutine, lobster pies* und viele weitere Hummergerichte. Mein persönlicher Favorit ist, neben frischem Hummer vom Grill, der käsige, cremige Hummer-Dip, den ich das erste Mal im »Blue Mussel Café« in North Rustico auf Prince Edward Island mit Blick auf den malerischen Hafen gegessen habe.

Cheesy Cheddar Lobster Dip

Cremiger Hummer-Dip von Prince Edward Island

Für 4 Personen als Vorspeise

1 Schalotte
1 Zehe Knoblauch
1 EL Olivenöl
300 g Hummerfleisch
250 g geriebener Cheddar
250 g Frischkäse (Doppelrahmstufe)
100 g Schmand
2 TL Dijonsenf
1 TL edelsüßes Paprikapulver plus mehr zum Abschmecken
Salz
frisch gemahlener schwarzer Pfeffer

Die Schalotte und den Knoblauch abziehen und fein würfeln. Das Olivenöl in einer kleinen Pfanne bei mittlerer Temperatur erhitzen. Die Schalotte und den Knoblauch darin anschwitzen.

In einer Schüssel das Hummerfleisch mit der Schalotte und dem Knoblauch, der Hälfte vom Cheddar, dem Frischkäse, dem Schmand, dem Senf und 1 TL Paprikapulver gut vermischen. Mit Salz und Pfeffer abschmecken. Das Ganze in eine ofenfeste Form füllen und glatt streichen. Mit dem restlichen Käse und etwas Paprikapulver bestreuen.

Den Dip im vorgeheizten Backofen bei 200 °C Umluft etwa 20 Minuten backen, bis er goldbraun ist. Anschließend aus dem Ofen nehmen.

Den Dip in der Auflaufform servieren. Dazu reicht man in Kanada Cracker oder auch Baguette.

COCOTTE

Der *blueberry grunt* ist das wohl typischste Dessert aus der kanadischen Atlantikprovinz Nova Scotia, wo ein Großteil der weltweiten Produktion an wilden Blaubeeren herkommt. Der *grunt* ähnelt einem typisch amerikanischen Cobbler, dieser Obstauflauf wird jedoch im Ofen gebacken. Der *grunt* hingegen wird auf dem Herd gedämpft. Der Name »grunt« bezieht sich übrigens auf das Geräusch, welches die Blaubeeren von sich geben, während sie vor sich hinköcheln – sie »grunzen«.

Blueberry Grunt

Blaubeer-Dessert aus Nova Scotia

Für 4–6 Personen als Dessert

Für die Blaubeeren

600 g wilde kanadische Blaubeeren (tiefgekühlt)
150 g Zucker
1 TL Zitronensaft
1 Prise Zimtpulver

Für den Teig

240 g Weizenmehl (Type 405)
50 g Zucker
2 TL Backpulver
Salz
2 EL weiche Butter
240 ml Milch

Zum Anrichten

etwas frische Minze
geschlagene Sahne

Die Blaubeeren, den Zucker und 120 ml Wasser in einer Pfanne aufkochen. Dann die Temperatur reduzieren und die Mischung köcheln lassen, bis eine dickflüssige Blaubeersauce entstanden ist. Diese mit dem Zitronensaft und Zimt abschmecken und zunächst beiseitestellen.

Für den Teig das Mehl mit dem Zucker, dem Backpulver und 1 Prise Salz in einer Schüssel mischen. Die Butter und die Milch hinzufügen und mit den Händen einarbeiten. Aus dem Teig Nocken formen und diese auf den Blaubeeren verteilen. Die Pfanne nun zurück auf den Herd stellen und den *grunt* bei mittlerer Temperatur abgedeckt 15 Minuten vor sich hinköcheln lassen. Den Deckel nicht abheben, sonst fällt der *grunt* zusammen.

Den *grunt* in der Pfanne mit einem Klecks Sahne und einigen Blättern Minze servieren. Die restliche Schlagsahne und/oder Vanilleeis dazureichen.

Im Neighbourhood Elmhurst in Queens haben viele Migranten aus Südamerika eine neue Heimat gefunden.

USA

Auch in den USA hat sich die Landesküche vor allem durch die Einflüsse der Einwanderer entwickelt. Das Land ist ein Schmelztiegel der unterschiedlichsten Kochkulturen und in den Küchen spiegelt sich die ethnische Vielfalt des Landes wider. Hotdog, Hamburger, Spareribs und Chickenwings sind im ganzen Land beliebt und gelten als typisch amerikanisch. Die Küche der Südstaaten ist geprägt durch die Kochkunst der afrikanischen Sklaven, die einst unfreiwillig nach Amerika kamen. Frisches Gemüse und Meeresfrüchte kommen in Kalifornien auf den Tisch, doch ist die kalifornische Küche auch stark beeinflusst von mediterranen und asiatischen Kochtraditionen. In Neuengland hingegen spürt man das kulinarische Erbe der Alten Welt. Hier kommen typisch britische *baked beans* und *apple pie* auf den Tisch. Doch ist die englische Esskultur hier auch wunderbar mit den lokalen Zutaten verschmolzen und es entstanden Rezepte, die heute den Charme der New-England-Küche ausmachen: *clam chowder, Maine boiled lobster* oder *Boston brown bread*. Auch die Essgewohnheiten der indianischen Ureinwohner finden sich in der amerikanischen Küche wieder. Die Indianer zeigten den englischen Siedlern einst, wie man die heimische Fauna und Flora nutzte, und halfen ihnen damit über den Winter. Indianische Kochkunst ging eine Fusion mit der englischen Küche ein und das heute bekannteste Fest der Amerikaner war geboren: *Thanksgiving*, das Erntedankfest.

Eine ganz besondere Stellung nimmt New York kulinarisch gesehen ein. »Die Stadt, die niemals schläft« ist ein »Melting Pot« und man findet hier auf relativ kleinem Raum ethnische Küchen aus aller Welt. Essen, so verschieden wie die Bewohner der Stadt. Hier gibt es nichts, was es nicht gibt. Im größten Chinatown von New York, in Queens, werden bis heute die kulinarischen Traditionen der chinesischen Einwanderer bewahrt. Der Neighbourhood Elmhurst ist fest in südamerikanischer Hand, hier treffen mexikanische auf kolumbianische und ecuadorianische Kochkünste. Im ehemaligen Arbeiterviertel Williamsburg in Brooklyn gibt es in der »Northside Bakery« die besten polnischen *pierogi* außerhalb von Polen und auch sonst ist das Viertel kulinarisch durch die Einwanderer aus ganz Osteuropa geprägt. In Brighton Beach kann man authentisch Russisch essen, in Belmont, genannt »The Real Little Italy«, findet man authentische italienische Küche. Doch wer nicht mindestens einmal ein Reuben Sandwich in einem der berühmten jüdischen Delis, wie zum Beispiel »Katz's Deli« in der Lower East Side, einen Hotdog bei »Nathan's« auf Coney Island und einen leckeren Burger bei »Shake Shack« gekostet hat, der war definitiv nicht in New York.

Das Flatiron Building ist eines der Wahrzeichen von NYC.

Chinatown in Manhattan ist eine der größten chinesischen Gemeinden Nordamerikas.

Das Elvis Presley Mural des brasilianischen Künstlers Eduardo Kobra in Williamsburg ist nur eines seiner 18 Kunstwerke in NYC.

Einst wanderten die Cardini-Brüder von Italien in die USA aus und ließen sich in San Diego nieder. Ihr Restaurant eröffneten sie aufgrund der damals herrschenden Prohibition jedoch nicht in den USA, sondern im nahe gelegenen mexikanischen Tijuana, denn dort durfte man feiern und trinken. Am 4. Juli 1924, dem amerikanischen Unabhängigkeitstag, wollte Caesar Cardini seinen Gästen etwas ganz Besonderes bieten, doch neigten sich die Vorräte dem Ende zu. Also improvisierte Cardini und zauberte einen einfachen, aber frischen Salat. Das Dressing bereitete er direkt am Tisch vor den Augen der Gäste mit einer Showeinlage zu – der Caesar Salad war geboren.

Caesar Salad

Römersalat mit Croutons und Parmesan

Für 2 Personen

Für das Dressing

2 Eigelb
2 EL Zitronensaft
2 TL Dijonsenf
100 ml Rapsöl
3 Anchovis (Sardellen)
1 TL Akazienhonig
1 Zehe Knoblauch
6 EL grob geriebener Parmesan

Für den Salat

2 Scheiben Toastbrot
1 EL Butter
300 g Romanasalat
2 EL Kapern
2 EL grob geriebener Parmesan

Für das Dressing das Eigelb, den Zitronensaft und den Senf in einem hohen Gefäß mit dem Stabmixer aufmixen. Nach und nach das Öl einfließen lassen und weitermixen, bis eine cremige Mayonnaise entstanden ist. Den Knoblauch abziehen und fein hacken. Die Anchovis ebenfalls fein hacken. Anschließend die Anchovis, den Honig und den Knoblauch zur Mayonnaise geben und unterrühren. Zu guter Letzt den Parmesan unterheben.

Tipp: Alle Zutaten sollten Zimmertemperatur haben, damit die Mayonnaise gelingt.

Für den Salat die Rinde vom Toastbrot entfernen und das Brot würfeln. Die Butter in einer Pfanne bei mittlerer Temperatur schmelzen und die Brotwürfel darin goldbraun anrösten.

Zum Anrichten den Romanasalat in mundgerechte Stücke reißen und in einer Schüssel mit dem Dressing mischen. Die Kapern, die Croutons und den Parmesan darüberstreuen. Dazu passt Hühnerbrust- oder Lachsfilet vom Grill.

Meg Ryan und Billy Crystal alias Harry und Sally sitzen beim Mittagessen im »Katz's Deli«. Er isst ein Reuben Sandwich, sie täuscht einen Orgasmus vor. Wohl eine der legendärsten Szenen der Filmgeschichte. Bereits seit 1888 ist »Katz's Delicatessen« eine Institution in New York, seit den 1980ern steht auch das legendäre Pastrami-Sandwich als »Reuben Orgasm« auf der Karte und gilt mittlerweile als die New Yorker Spezialität schlechthin. Jüdische Einwanderer brachten Pastrami einst in die USA und es gibt heute wohl kein einziges jüdisches Deli im gesamten Land, das nicht auch ein Pastrami-Sandwich auf der Karte stehen hat. Als offizieller Vater des Reuben Sandwich gilt Arnold Reuben, ein deutsch-jüdischer Immigrant und Inhaber von »Reuben's Restaurant and Delicatessen« in NYC. Eine andere Geschichte besagt, dass Reuben Kulakofsky, ein Großmarktbesitzer aus Omaha, einst seine Pokerrunde mit eben diesem Sandwich verköstigt habe. Welche Geschichte nun stimmt, weiß man nicht, schmecken tut's aber so oder so.

Reuben Sandwich

Pastrami-Sandwich New York Style

Für 2 Stück

Für das Roggen-Toastbrot (reicht für 1 Kastenform 25 cm)

½ Würfel frische Hefe
2 TL Zucker
120 ml Vollmilch
350 g Weizenmehl (Type 405) plus etwas mehr zum Arbeiten
200 g Roggenmehl (Type 1050)
1 TL Salz

Für das Thousand-Island-Dressing

1 kleine Schalotte
1 Stange Sellerie
4 kleine Gewürzgurken
150 g Mayonnaise
50 g Ketchup
1 EL Worcestershiresauce
5 Spritzer Tabasco
2 TL Zitronensaft
Salz
frisch gemahlener weißer Pfeffer

Für das Roggen-Toastbrot die Hefe und den Zucker in 250 ml lauwarmem Wasser auflösen. Die Mischung an einen warmen Ort stellen, bis die Hefe leicht sprudelt. Die Hefe nun mit 100 ml Milch, den Mehlen und dem Salz zu einem geschmeidigen Teig verkneten. Diesen abgedeckt an einem warmen Ort mindestens 1 Stunde gehen lassen.

Den aufgegangenen Teig anschließend auf einer bemehlten Arbeitsfläche zu einem länglichen Laib formen und diesen in eine ungefettete Kastenform (25 cm) legen. Die Form abdecken und den Teig 30 Minuten gehen lassen.

Danach den Teig oben der Länge nach einschneiden und großzügig mit der übrigen Milch bestreichen. Das Brot im vorgeheizten Backofen bei 200 °C Umluft 45 Minuten backen. Anschließend aus dem Ofen nehmen und auskühlen lassen.

Für das Thousand-Island-Dressing die Schalotte abziehen und fein würfeln. Den Sellerie und die Gewürzgurken ebenfalls fein würfeln. Alle Zutaten gut miteinander vermischen und das fertige Dressing kalt stellen.

Zum Anrichten

4 Scheiben vom Roggen-Toastbrot
2 EL gesalzene Butter
1 kleine Dose Sauerkraut
150 g geschnittene Pastrami
4 Scheiben Emmentaler
2 kleine Gewürzgurken zum Garnieren (optional)

Außerdem

Zahnstocher

Zum Anrichten aus dem Toastbrot vier Scheiben herausschneiden (das übrige Brot anderweitig verwenden). Die Scheiben von beiden Seiten mit der Butter bestreichen und in einer Pfanne beidseitig goldbraun rösten. Das Sauerkraut gut abtropfen lassen und ausdrücken. Anschließend in einem Topf bei niedriger Temperatur erwärmen und etwas zerpflücken.

Zwei Toastscheiben mit dem Käse und der Pastrami belegen. Den Toast im Backofen mit Grillfunktion so lange backen, bis der Käse geschmolzen ist.

Das Sauerkraut und etwas Dressing auf den beiden Brotscheiben verteilen. Mit einer weiteren Brotscheibe toppen. Nach Belieben mit einer Gewürzgurke garnieren und mit einem Zahnstocher fixieren. Das Sandwich sofort warm servieren. Das restliche Dressing zum Dippen dazureichen.

»Lomi lomi« heißt so viel wie »massieren« oder »einreiben«, denn bei diesem klassischen hawaiianischen Gericht wird der frische Lachs mit Meersalz eingerieben, wodurch er fest wird und einen einzigartigen, leicht salzigen Geschmack erhält. Zusammen mit Tomaten, Zwiebeln und Lauchzwiebeln wird daraus ein erfrischender Salat. Dieser wird auf Hawaii als Beilage auf dem *lu'au*, einem typisch hawaiianischen Familienfest, serviert. Dazu gibt es weitere traditionelle Speisen, wie zum Beispiel *chicken long rice* (Hühnersuppe mit Glasnudeln und Ingwer), *poi* (zerstampfte Taroknollen) und *kalua pig* (geschmortes Schweinefleisch aus dem *imu* genannten Erdofen).

Lomi Lomi Salmon

Hawaiianischer Lachssalat

Für 6 Personen

400 g frisches Lachsfilet mit Haut
(hawaiianisches) Meersalz
2 große Tomaten
3 Lauchzwiebeln
1 Zwiebel
1 TL Zitronensaft
1 TL Zucker
frisch gemahlener schwarzer Pfeffer

Den Lachs trockentupfen und großzügig von allen Seiten mit Meersalz einreiben. In Plastikfolie einwickeln und im Kühlschrank 24 Stunden ziehen lassen.

Nach der Ziehzeit das Salz abwaschen, die Lachshaut entfernen und den Lachs würfeln. Die Tomaten ebenfalls würfeln, die Lauchzwiebeln in feine Ringe schneiden. Die Zwiebel abziehen und ebenfalls fein würfeln. Alles in eine große Schüssel geben. Den Zitronensaft hinzufügen und den Lachssalat mit dem Zucker und etwas Pfeffer abschmecken.

Den Lachsalat sofort servieren.

Der »Soggy Dollar Bar Painkiller« lässt einen die Sorgen des Alltags vergessen.

British Virgin Islands

Die Britischen Jungferninseln gehören vielleicht zu den letzten Paradiesen auf Erden. Gerade einmal 36000 Menschen bewohnen die Inselgruppe östlich von Puerto Rico. Endlose Puderzuckerstrände, malerische Buchten, fantastische Tauchreviere, üppiger Regenwald, aber auch grandioses Essen erwarten einen auf den British Virgin Islands (BVI). Freizeitparks und Fast-Food-Ketten sucht man dagegen vergeblich. Hier ist die Welt irgendwie noch in Ordnung. Wer auf die Britischen Jungferninseln reist, kommt zum Segeln und Tauchen und wegen der Ruhe, doch auch eine kulinarische Entdeckungstour lohnt. Die westindische Küche ist von kreolischen Traditionen beeinflusst und so herrlich ehrlich und authentisch wie die Menschen selbst. Geprägt ist die Küche der Inseln durch die heimischen tropischen Früchte wie Papayas, Maracujas, Mangos, Kokosnüsse und Ananas. Ohne Fisch geht es in der Karibik natürlich nicht und der Hummer aus Anegada gilt als einer der besten der Welt. Unbedingt probieren sollte man auch die rosafarbene Conch-Muschel, eigentlich gar keine Muschel, sondern eine Meeresschnecke. Sie gilt als Spezialität in der ganzen Karibik und wird oft als *conch fritter* serviert.

Gerne wird in der kreolischen Küche auch Huhn verwendet, auch als Füllung für Pasteten. *Roti*, indisches Fladenbrot, und *fungi*, eine Art Polenta mit Okraschoten und Fisch, wird nahezu überall angeboten. Zu den klassischen Desserts zählt Mangoeis.

Zum Abschluss des Tages gönnt man sich ein Gläschen Rum aus einer der zahlreichen inseleigenen Brennereien, wie zum Beispiel der »Callwood Rum Distillery« auf Tortola. Auch der *painkiller*, der offizielle Cocktail der British Virgin Islands, lässt einen die Alltagssorgen vergessen.

Bereits seit 400 Jahren gibt es die »Callwood Rum Distillery« auf Tortola. Damit ist sie die älteste kontinuierlich betriebene Destille in der Karibik.

Nur schwimmend ereicht man die legendäre »Soggy Dollar Bar« auf den British Virgin Islands.

Christoph Kolumbus nannte die Insel Virgin Gorda einst »die dicke Jungfrau«, weil ihre Silhouette einer rundlichen Frau ähnelt, die auf dem Rücken liegt.

Sicherlich schmeckt nirgends der *painkiller* so gut wie in einer der Hängematten vor der »Soggy Dollar Bar« in der White Bay auf Jost van Dyke, wo der Cocktail in den 1970er-Jahren erfunden wurde. Der Name »Soggy Dollar Bar« kommt übrigens daher, dass man die Bar nur erreicht, indem man mit dem Boot in der Bay ankert und anschließend an den Strand schwimmt. Kreditkarten werden nicht akzeptiert. Also stopft man sich die Dollarnoten eben in den Bikini oder die Badehose und zahlt mit den nassen Scheinen, die vom Barkeeper erst mal zum Trocknen an einer Wäscheleine aufgehängt werden. Doch auch auf dem heimischen Balkon oder in der Hängematte im Garten kann man den Drink ganz wunderbar genießen, den drückenden Alltag für eine Weile vergessen und sich ein bisschen Karibikfeeling nach Hause holen.

The Soggy Dollar Bar Painkiller

Cocktail gegen die »Schmerzen des Alltags«

Für 1 Glas

Für den Cocktail

6 cl Pusser's Dark Rum
3 cl Kokoscreme
10 cl Ananassaft
3 cl Orangensaft

Zum Anrichten

Eiswürfel
frisch geriebene Muskatnuss
1 Scheibe frische Ananas

Alle Zutaten für den Cocktail in einen Shaker geben und bei geschlossenem Deckel kräftig shaken.

Sofort in ein mit Eiswürfeln gefülltes Glas abseihen und etwas Muskatnuss darüberreiben. Mit einer Scheibe Ananas dekorieren.

»Anegada« heißt auf Spanisch so viel wie »überschwemmt«. Überschwemmungen gibt es auf Anegada auch des öfteren, denn die nördlichste Insel der Britischen Jungferninseln ist die einzige Koralleninsel der Inselgruppe, und die höchste Erhebung beträgt gerade einmal 8,5 Meter. Umgeben ist die Insel vom Horseshoe Reef, einem der größten Barriereriffs der Welt, und in eben diesem fühlen sich Hummer sehr wohl. Daher zählen sie auch zu den lokalen Spezialitäten. Am besten schmecken sie frisch vom Grill in einem der kleinen Restaurants am weißen Sandstrand von The Settlement, der größten Ansiedlung der Insel. Dort wird im »Anegada Reef Hotel« auch ein köstlicher *lobster salad* serviert.

Anegada Lobster Salad

Hummersalat aus Anegada

Für 4 Personen

Für den Salat

400 g gekochtes Hummerfleisch
1 Zwiebel
1 Mini-Salatgurke
1 Stange Sellerie
½ grüne Paprikaschote
120 ml Mayonnaise
2 EL Limettensaft
1 Spritzer Tabasco
Salz
frisch gemahlener weißer Pfeffer

Zum Anrichten

etwas gemischter Salat
essbare Blüten (optional)
1 Bio-Zitrone, in Scheiben geschnitten

Für den Salat das Hummerfleisch würfeln. Die Zwiebel abziehen und die Gurke schälen. Die Zwiebel, die Gurke, den Sellerie und die Paprika fein würfeln.

In einer Schüssel die Mayonnaise, den Limettensaft und die Tabascosauce verrühren. Das Dressing mit Salz und Pfeffer abschmecken. Anschließend das Hummerfleisch und das Gemüse unter das Dressing heben. Den Salat im Kühlschrank abgedeckt 1 Stunde durchziehen lassen.

Zum Anrichten den gemischten Salat und einige essbare Blüten auf Teller verteilen und darauf den Hummersalat anrichten. Mit Zitronenscheiben garnieren.

Ropa vieja ist ein Rindfleischeintopf mit *flank steak*, Tomaten, Paprika, Zwiebeln, Oliven und Kapern. Er gilt als Nationalgericht Kubas. Ursprünglich kommt er jedoch aus Spanien und wird dort noch heute, wie schon im Mittelalter, mit Kichererbsen gestreckt. »Ropa vieja« bedeutet wortwörtlich übersetzt »alte Kleider«. Der Legende nach gab es einst einen Mann, der zu arm war, um seine Familie zu ernähren. Die Situation war so hoffnungslos, dass er seine alte Kleidung kochte, und es geschah ein Wunder: Die alten Fetzen verwandelten sich in einen wunderbaren Rindfleischeintopf. Andere behaupten, der Name käme einfach daher, dass die Fleischstücke eben wie abgetragene, zerfetzte Klamotten aussehen.

Ropa Vieja

Kubanischer Rindfleischeintopf

Für 4 Personen

1 große Zwiebel
je 1 grüne und rote Paprikaschote
2 Zehen Knoblauch
1 große Karotte
1 Stange Sellerie
4 EL neutrales Pflanzenöl
500 g flank steak *(Bauchlappen vom Rind)*
2 TL getrockneter Oregano
2 TL gemahlener Kreuzkümmel
2 TL edelsüßes Paprikapulver
1 TL pimentón de la vera *(geräuchertes Paprikapulver)*
2 TL Salz
1 TL frisch gemahlener schwarzer Pfeffer
250 ml trockener Weißwein
250 ml Rinderbrühe
1 Dose Tomatenwürfel (ca. 400 g)
2 EL Tomatenmark
2 Lorbeerblätter
250 g grüne Oliven ohne Stein
2 EL Kapern
½ Bund frische Petersilie, gehackt

Die Zwiebel abziehen und in feine Ringe schneiden. Die Paprika in Streifen schneiden. Den Knoblauch abziehen und fein hacken. Die Karotte und die Selleriestange vierteln. 2 EL Öl in einem großen Topf bei hoher Temperatur erhitzen. Das Rindfleisch darin von beiden Seiten scharf anbraten. Dann aus dem Topf nehmen und beiseitestellen. Das restliche Öl im Topf erhitzen. Die Paprikastreifen und Zwiebelringe darin bei niedriger Temperatur etwa 15 Minuten anschwitzen.

Anschließend den Knoblauch und die Gewürze hinzufügen und das Ganze mit dem Weißwein ablöschen. Den Wein aufkochen, dann die Rinderbrühe, die Tomaten, das Tomatenmark und die Lorbeerblätter hinzugeben. Nun das Fleisch zusammen mit dem Sellerie und der Karotte in den Topf geben. Die *ropa vieja* 3–4 Stunden abgedeckt bei mittlerer Temperatur köcheln lassen.

Nach der Garzeit die Lorbeerblätter, die Karotten- und Selleriestücke entfernen. Das Fleisch herausnehmen, mit einer Gabel auseinanderzupfen und wieder in die Sauce geben. Die Oliven und die Kapern unterheben und den Eintopf etwa 30 Minuten ohne Deckel weiterköcheln lassen, sodass die Sauce eindickt. Zu guter Letzt die *ropa vieja* mit Salz und Pfeffer abschmecken und die Petersilie unterheben. Den Rindfleischeintopf auf vorgewärmten Tellern anrichten. Dazu reicht man auf Kuba weißen Reis, Reis mit schwarzen Bohnen (*moros y cristianos*) oder frittierte Kochbananen.

Die Musik gehört zu Kuba wie die Oldtimer, Fidel Castro und Rum.

Kuba

Die Küche Kubas hat nicht den besten Ruf, wie ich finde, zu Unrecht. Auf Kuba regiert noch immer der Kommunismus und es gibt eben nicht immer alles, doch die Kubaner sind Weltmeister im Improvisieren, auch in der Küche. So ist die kubanische Küche zwar einfach, aber sehr schmackhaft. Besonders in den bezaubernden Gassen der Altstadt von Havanna findet man unzählige kleine, private Restaurants, genannt *paladares* die fantastisches Essen, geprägt von spanischen Einflüssen, servieren. Ein Klassiker ist *ropa vieja*, ein Rindfleischeintopf mit Oliven und Kapern. Dazu reicht man *morros y cristianos*, also Reis mit schwarzen Bohnen, aber auch Taro oder Maniok.

Die Küche im Osten Kubas ist hingegen geprägt von afrokaribischen Einflüssen. So wird in Santiago de Cuba und Baracoa zumeist mit Kokosmilch und exotischen Gewürzen gekocht. Ein echter Geheimtipp ist »Roy's Terrace Inn« in Santiago de Cuba. Die Dachterrasse des Restaurants ist eine Oase der Ruhe. Der Tisch biegt sich unter der Last der leckeren Speisen, wenn Roy auftischt, und danach sitzt man zusammen und trinkt Rum bis zum Morgengrauen.

Einheimische Bauern im Parque Nacional Alejandro de Humboldt nahe Baracoa.

In Trinidad kann man sich schon mal im Labyrinth der wunderschönen kleinen Gassen verlieren.

Wie jeden Morgen spazierte ich durch die Altstadt von Havanna. Vorbei an den einstigen Palästen der Zuckerbarone, die mittlerweile eher Ruinen gleichen, doch die längst vergangene Pracht konnte man noch immer erahnen. Ich beobachtete die Kubaner bei ihren täglichen Einkäufen, lauschte dem Reggaeton, der irgendwo aus einer Box schallte, und auf einmal wehte mir ein Duft von Frittiertem und Zucker um die Nase. Ich hatte mein Ziel fast erreicht. An der nächsten Straßenecke stand schon mein Lieblings-Churros-Verkäufer mit einem breiten Lächeln an seinem Wagen. Wie jeden Morgen kaufte ich mir für 1 CUC, umgerechnet 85 Cent, ein Tütchen der fettigen kleinen Dinger mit viel Zucker und Kondensmilch, genau wie die Kubaner ihre Cgerne essen. Wahlweise gibt's auch Schokosauce dazu.

Churros

Frittiertes Brandteiggebäck aus Kuba

Für 1 Portion

220 g Weizenmehl (Type 405)
150 g Butter
100 g Zucker
1 Prise Salz
3 Eier
1,5 l neutrales Pflanzenöl zum Frittieren

Das Mehl sieben. 500 ml Wasser zusammen mit der Butter, 50 g Zucker und dem Salz aufkochen. Dann den Herd ausschalten und das Mehl unterrühren. Mit einem Holzlöffel so lange rühren, bis sich der Teig vom Boden löst und sich am Topfboden eine weiße Schicht bildet. Den Teig abkühlen lassen. Dabei hin und wieder umrühren.

Anschließend die Eier unter diesen Brandteig heben und alles zu einer glatten Masse verarbeiten.

Das Öl in einem großen Topf erhitzen. Den Teig in einen Spritzbeutel mit Sterntülle füllen und portionsweise etwa 12 cm lange Streifen in das heiße Öl spritzen. Die Churros darin goldbraun frittieren, dann mit einer Schaumkelle aus dem heißen Fett nehmen und auf Küchenpapier kurz abtropfen lassen.

Die Churros anschließend im restlichen Zucker (50 g) wälzen und sofort heiß servieren. Wer möchte, kann die Churros auch in Puderzucker oder einer Zimt-Zucker-Mischung wenden.

Mein Lieblings-Churros-Verkäufer in der Altstadt von Havanna.

November 2016 – nur einen Monat zuvor war Hurrikan Matthew mit Windgeschwindigkeiten von bis zu 300 Stundenkilometern durch den Osten Kubas gezogen und hatte eine Spur der Verwüstung hinterlassen. Lange überlegte ich, ob sich eine Reise nach Baracoa lohne. Am Ende entschied ich dennoch, gen Osten zu fahren, denn gerade jetzt, nach den Zerstörungen des Hurrikans, benötigten die Einheimischen die Devisen aus dem Tourismus und vielleicht auch Hilfe vor Ort. Von der ersten Minute an war ich mehr als willkommen.n. Jeder grüßte, bot an, mir seine Heimat zu zeigen, und hatte Zeit für ein Schwätzchen. So auch Onoria, die gute Seele meiner Unterkunft, der »Casa Bella Vista«. Onoria ist eine legendäre Köchin. An meinem ersten Abend hat sie mich mit *lechita de pescado*, Fisch in Kokossauce, einem traditionellen Gericht aus Baracoa, beglückt.

Lechita de Pescado

Fisch in Kokosmilch

Für 4 Personen

1 kleine Zwiebel
2 Zehen Knoblauch
1 Bund frischer Koriander
1 grüne Chilischote
500 ml Kokosmilch
1 EL achiote*-Paste (mittelamerikanische Würzpaste mit Orleansstrauchsamen; online in Südamerika-Shops erhältlich)*
Salz
frisch gemahlener schwarzer Pfeffer
2 EL neutrales Pflanzenöl
4 Seeteufelfilets

Die Zwiebel und den Knoblauch abziehen und fein hacken. Den Koriander und die Chilischote ebenfalls fein hacken.

Die Kokosmilch bei mittlerer Temperatur in einer Pfanne erhitzen. Dann die *achiote*-Paste, die Zwiebel, den Knoblauch, die Chili und zwei Drittel des Korianders hinzufügen. Die Sauce mit Salz und Pfeffer abschmecken und dann etwa 15 Minuten sanft köcheln lassen.

In der Zwischenzeit das Öl in einer zweiten Pfanne erhitzen und den Seeteufel darin von beiden Seiten kurz und scharf anbraten. Anschließend den Fisch in die Pfanne mit der Sauce geben und darin gar ziehen lassen.

Zum Anrichten den Fisch mit der Sauce auf Teller verteilen. Dazu serviert man auf Kuba weißen Reis.

1511 wurde in der »Honigbucht« die erste spanische Siedlung auf kubanischem Boden errichtet. Bis heute führt nur eine einzige Straße nach Baracoa und die einstige kubanische Hauptstadt konnte sich ihren unvergleichlichen Charme bewahren.

Die Kleidung der Baianas ist auf die alten Bräuche der afrobrasilianischen Religionen des Candomblé zurückzuführen.

Brasilien

Im Norden und Westen Brasiliens findet man in der Küche noch heute die Einflüsse der indianischen Ureinwohner. Ansonsten ist die traditionelle brasilianische Küche stark beeinflusst von den Einwanderern. So wundert es nicht, dass man in der ehemaligen portugiesischen Kolonie vor allem portugiesische Wesenszüge in der Küche findet, und europäische im Allgemeinen.

Die portugiesischen Seefahrer brachten einst vor allem haltbare Lebensmittel, die für den langen Seeweg notwendig waren, mit nach Brasilien. Noch heute sind die Hauptzutaten der brasilianischen Küche daher schwarze Bohnen, Reis und *bacalhau* (eingesalzener Kabeljau). Das Nationalgericht des Landes ist *feijoada*, ein Bohneneintopf mit Fleisch, zu welchem Reis, *farofa* (geröstetes Maniokmehl) und Orangenscheiben gereicht werden.

Im Zuge der europäischen Kolonialisierung kamen außerdem Millionen afrikanische Sklaven nach Brasilien, die die Küche und die Kultur des Landes ebenfalls nachhaltig prägten. Vor allem im Nordosten des Landes findet man noch heute viele afrikanische Einflüsse in der Küche und eine ganz besondere Stellung nimmt hier die Küche Bahias ein. Kolonialportugiesische Einflüsse findet man in der Küche Bahias praktisch nicht, sie ist durch das reichhaltige Angebot an Früchten, Fisch und Fleisch aus der Region und den Kochtraditionen der afrikanischen Sklaven geprägt. Zu den bekanntesten Gerichten aus Bahia zählen *acarajé* (in *dendê-Öl*, also Palmöl, ausgebackene Küchlein aus gemahlenen Augenbohnen, Krabben und Gewürzen). Diese werden mit *vatapá* (einer Paste aus Weißbrot, Zwiebeln, Krabben, Nüssen, Kokosmilch, Gewürzen und Palmöl), scharfer Pfeffersauce, getrockneten Krabben und Salat von den in weiß gekleideten *baianas* an den Straßenständen in ganz Bahia verkauft. Immer der Nase nach, man riecht das *dendê-Öl* schon von Weitem. Eine weitere Spezialität ist der traditionelle Fischeintopf *moqueca de peixe baiana*, den man in nahezu jedem Restaurant in Salvador da Bahia, einst der größte Sklavenhandelsplatz Brasiliens, heute brasilianische »Hauptstadt der Freude«, auf der Karte findet. Besonders lecker schmeckt die *moqueca baiana* in der »Bar Zulu« direkt in Salvadors historischem Viertel Pelourinho.

Baianas beim Frisieren.

Von außen wirkt die Igreja de São Francisco eher schlicht. Betritt man sie stockt einem der Atem.

Salvador da Bahia ist die Heimat des ausgelassensten Straßenkarnevals in ganz Brasilien, doch der Samba-Reggae erklingt ganzjährig in den Straßen der Stadt.

Mit einer Açaí-Bowl träume ich mich zurück an die Copacabana in Rio de Janeiro, spüre das Salz und die Sonne auf meiner Haut, den Sand zwischen den Zehen und genieße den Blick auf den Zuckerhut. Noch nie hat eine Açaí-Bowl besser geschmeckt als hier. Ich habe meiner Lieblings-Açaí-Verkäuferin daher fast täglich eine der herrlich kalten Bowls abgekauft. Doch nicht nur am Strand isst man sie, man bekommt sie eigentlich an jeder Straßenecke. Die Carioca, die Einwohner Rio de Janeiros, essen das erfrischende Püree besonders gerne zum Frühstück. Ja, Eiscreme zum Frühstück, besser geht's nicht! Getoppt wird das Açaí-Püree klassisch mit süßer Kondensmilch, Bananen, Granola oder Nüssen. Auch Kokosraspeln und Beeren eignen sich wunderbar. Übrigens ist die Bowl nicht nur lecker, die aus dem Amazonasgebiet stammenden Açaí-Beeren (essbare Frucht der Açaí-Palme) sind auch noch supergesund, da reich an Antioxidantien und Vitaminen.

Açaí na Tigela

Açaí-Bowl

Für 1 Portion

2 Packungen gefrorener Açaí-Pulp (im Bio-Supermarkt oder online erhältlich)
2 kleine Bananen
2 EL Guaranasirup

Die Bananen schälen, in dicke Scheiben schneiden und mindestens 4 Stunden einfrieren. Den Açaí-Pulp unter heißes Wasser halten, antauen, in grobe Stücke brechen und in einen Mixer geben. Zusammen mit den gefrorenen Bananen, 5 EL Wasser und dem Guaranasirup pürieren, bis eine cremige Masse entsteht. Bei Bedarf noch etwas Wasser hinzufügen.

Zum Anrichten das Açaí-Püree in eine Schüssel geben und mit Toppings der Wahl servieren.

Nirgends schmeckt eine Açaí-Bowl besser als direkt an der Copacabana.

Moqueca de peixe baiana ist ein traditioneller Fischeintopf aus Salvador da Bahia im Nordosten Brasiliens und verkörpert für mich, was diese Stadt ausmacht: afrobrasilianische Lebensfreude. Herrlich frisch ist der Eintopf und vereint die lokale Küche so wunderbar mit der afrikanischen. Zu den traditionellen Zutaten des Nationalgerichts gehört neben Fisch, Tomaten und Paprika auch *azeite de dendê*, rotes Palmöl, das dem Eintopf nicht nur seinen einzigartigen Geschmack und Geruch verleiht, sondern auch die Farbe.

Moqueca de Peixe Baiana

Brasilianischer Fischeintopf aus Bahia

Für 4 Personen

Für die moqueca
½ Zwiebel
2 Zehen Knoblauch
je 1 rote und gelbe Paprikaschote
1 Jalapeño
500 g Kabeljau, Heilbutt oder Loup de Mer (Wolfsbarsch)
Salz
frisch gemahlener schwarzer Pfeffer
2 TL Kokosöl
1 TL edelsüßes Paprikapulver
1 Prise Cayennepfeffer
200 g Tomatenwürfel aus der Dose
Abrieb von 1 Bio-Limette
300 ml Gemüsebrühe
250 ml Kokosmilch
3 EL azeite de dendê (rotes Palmöl)

Für die *moqueca* die Zwiebel und den Knoblauch abziehen und fein würfeln. Die Paprikaschoten in feine Streifen schneiden. Den Jalapeño von den Kernen befreien und sehr fein hacken. Den Fisch salzen und pfeffern und in mundgerechte Stücke schneiden.

Das Kokosöl in einer Pfanne bei mittlerer Temperatur erhitzen. Die Zwiebel, den Paprika und die Jalapeñowürfel darin anschwitzen. Mit dem Knoblauch, dem Paprikapulver und dem Cayennepfeffer würzen. Die Tomatenwürfel zugeben und erwärmen. Anschließend den Limettenabrieb, die Brühe, die Kokosmilch und das Palmöl hinzufügen und den Eintopf einmal aufkochen. Die Sauce mit Salz und Pfeffer abschmecken, dann die Fischstücke in der Pfanne verteilen und abgedeckt 3–5 Minuten gar ziehen lassen.

Für den brasilianischen Reis

1 EL Olivenöl
½ Zwiebel
1 Zehe Knoblauch
200 g Jasminreis
250 ml Gemüsebrühe

Für den brasilianischen Reis die Zwiebel und den Knoblauch abziehen und fein würfeln. Das Olivenöl in einem Topf bei mittlerer Temperatur erhitzen und beides darin anschwitzen. Dann den Reis hinzufügen, kurz anrösten und mit der Gemüsebrühe ablöschen. Den Reis bei niedriger Temperatur etwa 20 Minuten sanft köcheln lassen, bis er gar und die Brühe vollständig aufgesogen ist.

Zum Anrichten

3 Stangen Lauchzwiebeln
2 Bio-Limetten
1 Bund frischer Koriander, gehackt

Zum Anrichten die Lauchzwiebeln in feine Ringe schneiden. Die Limetten achteln. Den Reis in den Schüsseln anrichten und mit den Lauchzwiebeln bestreuen. Die *moqueca* auf Teller verteilen und mit dem Koriander bestreuen. Die Limettenachtel zum Fischeintopf reichen.

Die längste Open-Air-Rolltreppe der Welt bringt einen hinauf in die Comuna 13.

Kolumbien

Auf den ersten Blick erscheint die Küche Kolumbiens etwas fad und wenig abwechslungsreich. Das Tagesessen, genannt *comida corriente*, besteht im ganzen Land zumeist aus einem Stück Fleisch. Als Beilage gibt es immer Gemüse, Reis, *patacones* (frittierte Kochbananen) und *arepas* (Maisfladen). Süßspeisen sind in ganz Kolumbien unglaublich beliebt, ob gebackene Bananen, Milchreis, Churros oder Frischkäse mit Karamellsirup. Ansonsten ist die kolumbianische Küche stark von Regionalität geprägt. In den Bergen isst man fangfrische Forellen. In den Llanos, einem Savannengebiet im Osten Kolumbiens, gibt es fantastisches *churrasco*, also gegrilltes Fleisch. Die Karibikküste Kolumbiens ist bekannt für ihre köstlichen Fischgerichte und den Meeresfrüchteeintopf *cazuela de mariscos*. In Cartagena de Indias isst man auch gerne die Käsesuppe *mote de queso*, während Medellín bekannt ist für seine deftige Hausmannskost. Besonders beliebt ist hier in der Region Antioquia die *bandeja paisa*, ein Teller mit roten Bohnen mit Schweinefleisch, Hackfleisch, Schweinebauch, Chorizo, Eiern, Kochbananen, Reis und Avocados. Doch hat Medellín weitaus mehr zu bieten als nur dieses eine Gericht. Medellín ist die Foodie-Metropole des Landes und besonders im Viertel El Poblado findet man viele wirklich hippe Restaurants und Cafés. Das »Gautama« serviert hier beispielsweise köstliche vegetarische und vegane Gerichte, ebenso das »Helecho Cocina Viva«. Fantastische Pizzakreationen gibt es in der »Pizzeria Olivia«. Medellín, die »Stadt des ewigen Frühlings«, ist aber nicht nur wegen des Essens eine Reise wert. Einst galt die Stadt im Alburra Valley als eine der gefährlichsten Städte der Welt, sie wurde von Drogenbaronen wie Pablo Escobar und paramilitärischen Milizen regiert. Täglich wurden hier mehr Menschen erschossen als irgendwo sonst. Diese Zeiten sind glücklicherweise vorbei und Medellín gehört heute zu den modernsten, innovativsten und sichersten Städten in ganz Südamerika. Diesen Wandel sieht man vielleicht nirgends besser als in der Comuna 13, einst das berüchtigtste Viertel der Stadt. Der unerbittlich blutige Bandenkrieg gehört auch hier der Vergangenheit an. Heute trägt einen die längste Open-Air-Rolltreppe der Welt die steilen Andenhänge hinauf. Es geht vorbei an riesigen Murals und Graffitis. Reggaeton und Hip-Hop dröhnt aus den Boxen, Breakdancer zeigen ihr tänzerisches Können. Dazwischen riecht es nach *buñuelos* (frittierte Käsebällchen), *tamales* (mit Maismehlbrei, Gemüse und Fleisch gefüllte Mais- oder Bananenblätter), Churros und anderen köstlichen Snacks, die von den unzähligen Straßenverkäufern angeboten werden. Die Lebensfreude ist in die Straßen der Comuna 13 zurückgekehrt.

Kunst ist vielleicht nicht dazu gemacht, die Welt zu verändern, doch sie kann alles ändern …

… wie man in der Comuna 13 in Medellín sieht

Noch vor wenigen Jahren war die Comuna 13 in »der Stadt des ewigen Frühlings« fest in der Hand der Drogenkartelle und einer der gefährlichsten Orte der Welt, doch es hat sich ein Wandel vollzogen.

Champeta, Salsa oder Cumbia auflegen, dann hat man schon einmal die passende musikalische Untermalung zum Kochen der *cazuela de mariscos*. Zwar fehlt dann noch die Lebensfreude der Kolumbianer, das Karibikfeeling und das Rauschen des Meere – das muss man sich eben dazu denken. Die *cazuela de mariscos* zählt zu den traditionellen Gerichten an der Karibikküste Kolumbiens und wird besonders gerne in Cartagena de Indias serviert. Doch auch an der Pazifikküste, in Bogotá und in Medellín erfreut sich der Eintopf großer Beliebtheit. Einst haben die Spanier dieses Gericht wohl aus Katalonien mitgebracht. Wobei der Eintopf dort mit Mandelpulver zubereitet wird, während er in Kolumbien seine sämige Konsistenz und den typisch süßlichen Geschmack durch Kokosmilch erhält.

Cazuela de Mariscos

Kolumbianischer Meeresfrüchteeintopf

Für 4 Personen

Für den Eintopf

25 küchenfertige Muscheln (Miesmuscheln, Herzmuscheln)
2 Tintenfischtuben
500 g Kabeljaufilet
je 1 grüne und rote Paprikaschote
1 Karotte
1 Stange Sellerie
3 Lauchzwiebeln
1 Zehe Knoblauch
2 EL Butter
1 EL Tomatenmark
½ TL edelsüßes Paprikapulver
100 ml trockener Weißwein
250 ml Fischfond
500 ml Kokosmilch
200 g flüssige Sahne
4 Zweige frischer Thymian
300 g küchenfertige Garnelen
Salz und Pfeffer

Zum Anrichten

½ Bund frischer Koriander, gehackt

Die Muscheln reinigen. Die Tintenfischtuben trockentupfen und in Ringe schneiden. Das Kabeljaufilet trockentupfen und in große Würfel (3 mal 3 cm) schneiden. Die Karotte schälen. Die Paprikaschoten, die Karotte und den Sellerie würfeln. Die Lauchzwiebeln in feine Ringe schneiden. Die Knoblauchzehe abziehen und fein hacken.

Die Butter in einem Topf bei mittlerer Temperatur erhitzen und das Gemüse darin andünsten. Das Tomatenmark und das Paprikapulver hinzufügen, kurz anrösten. Anschließend mit dem Weißwein ablöschen. Den Wein einköcheln lassen, dann die Temperatur reduzieren und den Fischfond, die Kokosmilch und die Sahne angießen. Die Thymianzweige hinzugeben und die Suppe erwärmen.

Nun den Tintenfisch hinzufügen und die Suppe etwa 10 Minuten vor sich hinsimmern lassen. Anschließend das Kabeljaufilet, die Garnelen und die Muscheln in die Suppe geben und abgedeckt in wenigen Minuten gar ziehen lassen. Mit Salz und Pfeffer abschmecken.

Die Suppe in einer großen Schüssel oder in Suppenschalen anrichten und mit dem Koriander bestreuen. Dazu isst man in Kolumbien Kokosreis oder *patacones* (frittierte Kochbananen).

Ajiaco bogotano oder auch *ajiaco santaferena* zählt zu den kolumbianischen Nationalgerichten und ist im gesamten Land erhältlich. Ursprünglich kommt der Hühnereintopf aus Santa Fé de Bogotá, der ehemaligen Hauptstadt Kolumbiens. Das folgende Rezept stammt aus der heutigen Hauptstadt Bogotá, die auf knapp 2 700 Metern Höhe mitten in den Anden liegt. Da kann es durchaus mal sehr kalt werden. An eben solch einem eisigen Tag habe ich in einem kleinen Restaurant in Bogotá das erste Mal *ajiaco* gekostet. Herrlich geschmeckt hat die Suppe und so schön von innen gewärmt! Daher habe ich mir vom Koch direkt das Rezept geben lassen. Klassisch wird *ajiaco* mit drei verschiedenen Kartoffelsorten gekocht. Die für Kolumbien so typische sehr mehlige und gelbe Sorte *papa criolla*, die Andenkartoffel, verleiht der Suppe die Farbe und die sämige Konsistenz. *Guascas*, Franzosenkraut, gibt der Suppe den authentischen Geschmack.

Ajiaco Bogotano

Kolumbianischer Kartoffel-Hähnchen-Eintopf mit Mais

Für 6 Personen

Für den Eintopf

500 g Laura-Kartoffeln (oder andere Sorte mit roter Schale)
800 g papas criollas *(oder andere sehr mehligkochende Sorte)*
500 g Drillinge (oder andere kleine Kartoffeln)
4 Lauchzwiebeln
3 vorgekochte Maiskolben
1 küchenfertiges Suppenhuhn
Salz
3 EL getrocknetes guascas
600 g Hühnerbrust
120 g flüssige Sahne
frisch gemahlener schwarzer Pfeffer

Für den Eintopf die Kartoffeln schälen. Die Laura-Kartoffeln in Scheiben schneiden, die Drillinge ganz lassen, die *papas criollas* klein würfeln. Die Lauchzwiebeln in Ringe schneiden. Die Maiskolben halbieren.

2 l Wasser in einem großen Topf aufkochen. Das Suppenhuhn zusammen mit etwas Salz und 2 EL *guascas* hineingeben und etwa 30 Minuten köcheln lassen, dabei das aufsteigende Eiweiß abschöpfen.

Anschließend die Laura-Kartoffeln, die Drillinge und die Hühnerbrust zugeben und die Suppe weitere 15 Minuten köcheln lassen. Dann die *papas criollas*, die Maiskolben, das restliche *guascas* und die Lauchzwiebeln hinzufügen und weiterköcheln lassen, bis die Kartoffeln und der Mais gar sind und die Suppe eine sämige Konsistenz hat. Zu guter Letzt die Sahne unterrühren, und die Suppe mit Salz und Pfeffer abschmecken.

La Candelaria, die Altstadt von Bogotá, gilt als eines der schönsten historischen Zentren in Lateinamerika.

Zum Anrichten

2 EL gehackter frischer Koriander
100 g Sauerrahm
6 EL Kapern
3 Avocados

(*Papas criollas* und *guascas* sind online in Südamerika-Shops, bei Mercado Tropical in Düsseldorf, Mercado del Peru in Freiburg oder Tierra Colombiana in Berlin erhältlich.)

Zum Anrichten das Huhn aus der Suppe nehmen, das Fleisch vom Knochen lösen und auseinanderzupfen. Das Hühnerfleisch auf die Suppenschalen verteilen, die heiße Suppe daraufgießen und diese mit Koriander bestreuen. Die Avocados halbieren, den Sauerrahm und die Kapern auf kleine Schälchen verteilen und dazureichen. Als Beilage serviert man in Kolumbien zur *ajiaco* außerdem Reis und/oder *arepas* (runde Maisfladen) und frittierte Kochbananen. Je nach Gusto isst man die Beilagen getrennt dazu oder mischt diese direkt in die Suppe.

Wer nicht auf Crab Cay war, der war nicht auf Providencia, sagen die Einheimischen. Die kleine Steininsel Crab Cay (Cayo Cangrejo) liegt rund einen Kilometer vor der Küste Providencias und ist ein Must-See, wenn man die kleine kolumbianische Insel rund 90 Kilometer vor der Küste Nicaraguas bereist. Crab Cay gilt als Paradies zum Schnorcheln, der Blick auf die Hauptinsel ist von hier aus grandios. Unbedingt probieren sollte man die Krabben aus Crab Cay, und zwar am besten in Form der bekannten und beliebten *sopa de cangrejo*, einer Krabbensuppe mit kleinen Klößchen, welche die Raizales, die afrikanischstämmigen Einwohner der Insel, so gerne essen.

Sopa de Cangrejo

Krabbensuppe aus Providencia

Für 6 Personen

1 rote Zwiebel
1 Zehe Knoblauch
1 kleiner Bund frisches Basilikum
1 EL neutrales Pflanzenöl
Salz
1 kg Schweineschwanz (beim Metzger vorbestellen)
500 g Maniok
500 g Yamswurzel
500 g festkochende Kartoffeln
2 Kochbananen
125 g Weizenmehl (Type 405)
1 kg echtes Krabbenfleisch
250 ml Kokosmilch
frisch gemahlener schwarzer Pfeffer

Die Zwiebel und den Knoblauch abziehen und würfeln. Das Basilikum hacken.

Das Öl in einem großen Topf bei mittlerer Temperatur erhitzen. Die Zwiebeln und den Knoblauch darin anschwitzen. 3–4 l Wasser in den Topf geben und aufkochen. Dann 1 große Prise Salz, das Basilikum und den Schweineschwanz hinzufügen und etwa 45 Minuten köcheln lassen.

In der Zwischenzeit den Maniok, die Yamswurzel, die Kartoffeln und die Bananen schälen und in Würfel schneiden.

Anschließend für die Suppeneinlage das Mehl und 1 Prise Salz mit etwas Wasser mischen. Nach und nach mehr Wasser hinzufügen und kneten, bis ein homogener Teig entstanden ist. Daraus kleine Klößchen formen.

Nun die klein geschnittenen Zutaten zur Suppe geben und 20–30 Minuten darin garen.

Den Schweineschwanz aus der Suppe nehmen, in mundgerechte Stücke schneiden und wieder zur Suppe hinzufügen. Dann die Klößchen zu der Suppe geben und 10 Minuten darin gar ziehen lassen. Zu guter Letzt das Krabbenfleisch und die Kokosmilch unterrühren und erwärmen, mit Salz und Pfeffer abschmecken. Die Suppe heiß servieren.

Überquert man die schwimmende »Liebesbrücke«, gelangt man auf die vorgelagerte Insel Santa Catalina, von wo man einen traumhaften Ausblick auf Providencia genießt.

Kaikoura, an der Ostküste der Südinsel Neuseelands, ist einer der wenigen Orte der Welt, an welchem man Pottwale sichten kann.

Register

Über die Autorin

Nina Soentgerath ist selbstsändige Grafikerin, Reisejunkie und Foodie. Ihre Leidenschaften verbindet sie auf reisehappen.de, wo sie seit mehreren Jahren übers Reisen, ferne Länder und fremde Köstlichkeiten bloggt. Schon als Schülerin verbrachte sie einige Zeit in der Ferne, nach dem Studium folgte eine Weltreise. Zu Hause ist sie in Nürnberg.

Danksagung

Mein Dank geht in allererster Linie an die vielen, unglaublich gastfreundlichen und herzlichen Menschen, welchen ich auf meinen Reisen begegnet bin. Die Menschen, die mir in der Ferne die Türen zu ihren Heimen geöffnet haben, die mich in ihre Kochtöpfe haben blicken lassen und mir mit großer Leidenschaft ihre Heimat näherbrachten. Ohne diese Menschen wäre dieses Kochbuch nie entstanden. Danke an **Domenik**, den Farmer aus Riverside-Albert in New Brunswick, der mir gezeigt hat, wie man Lobster richtig zubereitet. Tausend Dank an **Hanna**, die mir so viel über die finnische Küche beigebracht hat, an die Schwestern **Aysun** und **Ayşın** aus Istanbul für den Einblick in die osmanische Palastküche und an **Raffaele** für den Blick in die Kochtöpfe seiner Wahlheimat Rio de Janeiro. Danke auch an **Mon**, den dauerlächelnden Besitzer einer zauberhaften, kleinen Kochschule auf Koh Lanta, für das beste Mango Sticky Rice Rezept der Welt und die Gastfreundschaft. Tausend Dank an **Cham**, dass du mir deine Heimat Sri Lanka gezeigt hast. Danke **Su**, dass du mir die steirische Küche nähergebracht und immer ein offenes Ohr für mich hast. Bedanken möchte ich mich auch bei **Gemma**, die mir vieles über die katalanische Küche beigebracht hat. Ein großer Dank geht an **Sylvia**, eine der stärksten und lebensfrohesten Frauen, die ich jemals kennengelernt habe, die immer an mich geglaubt hat, meine Liebe für die Küche der Emilia-Romagna entfacht hat und leider viel zu früh von uns gegangen ist. **Mauruuru roa Heimata** – danke, dass du deine Leidenschaft für die Küche Französisch-Polynesiens mit mir geteilt und mir die besten Restaurants auf Moorea gezeigt hast.

Vielen Dank an **Adam Schlang** für das tolle Fotoshooting, du bist ein unglaublich talentierter Fotograf, und ich liebe die Bilder.

Außerdem möchte ich mich bei meinen Freunden bedanken: **Viktoria Urbanek**, danke dass du mir immer mit Rat und Tat zur Seite stehst. **Anna Hübner**, du bist wunderbar. Danke für deine langjährige Freundschaft und die wunderschöne Zeit auf den Seychellen. **Melanie Schillinger**, unser Start war holprig, umso schöner ist es, dich heute meine Freundin nennen zu dürfen. Danke **Felipe**, dass du mir immer wieder Mut machst und so sehr an mich glaubst. Danke **Andres Gonzales**, für deine unzähligen, professionellen Kochtipps. Danke **Tom Müller**, dass du mir geholfen hast, diese Unmengen an Essen zu verputzen, und für das Feedback zu den Gerichten. Danke auch an **Sonja Marrek** – alles begann mit einer Email und einem Hinano auf Tahiti. Schnell wurde daraus eine fantastische Zusammenarbeit und Freundschaft. Danke für deine professionellen Ratschläge, deine konstruktive Kritik und die seelische Unterstützung in Stunden der Verzweiflung. Und schließlich möchte ich mich noch bei **Saskia Funke** bedanken. Danke dafür, dass du immer ein offenes Ohr hast. Du bist einfach wunderbar!

Bedanken möchte ich mich außerdem beim gesamten **Team vom Christian Verlag** und besonders bei Stefanie Gückstock für das Vertrauen und die Unterstützung.

Last but not least möchte ich mich bei meiner ganzen **Familie** bedanken. Ein ganz besonders großes Dankeschön geht dabei an meine **Mama**, den wandelnden Duden. Danke, dass du dir viele viele Stunden Zeit genommen hast, um meine Bücher Korrektur zu lesen. Danke, dass du immer an mich geglaubt hast und mich dabei unterstützt hast, meinen Weg zu gehen. Ohne dich wäre das alles nicht möglich gewesen. Ich liebe Dich!

Impressum

Produktmanagement: Stefanie Gückstock
Redaktion: Una Giesecke
Korrektorat: Judith Bingel
Layout: Marcus Taeschner, a flock of sheep
Umschlaggestaltung: Regina Degenkolbe unter Verwendung einer Illustration von Adobe Stock: igorkol_ter (Sand), Vladimir (Teller und Besteck), annakonchits (Blätter)
Repro: LUDWIG:media
Herstellung: Anna Katavic

Printed in Slovenia by Neografia

Texte, Rezepte, (Food-)Fotografie und Foodstyling: Nina Soentgerath
mit Ausnahme von: siehe Bildnachweis

Sind Sie mit diesem Titel zufrieden? Dann würden wir uns über Ihre Weiterempfehlung freuen.

Erzählen Sie es im Freundeskreis, berichten Sie Ihrem Buchhändler oder bewerten Sie bei Onlinekauf. Und wenn Sie Kritik, Korrekturen, Aktualisierungen haben, freuen wir uns über Ihre Nachricht an:

Christian Verlag
Postfach 40 02 09, D-80702 München
oder per E-Mail an lektorat@verlagshaus.de

Unser komplettes Programm finden Sie unter: www.christian-verlag.de

Bildnachweis: Alle Bilder des Innenteils und auf dem Umschlag stammen von Nina Soentgerath mit Ausnahme von: Seite 71 (Dänischer Hotdog), Seite 109 (vietnamesisches Baguette), Seite 185 (Reuben Sandwich): Adam Schlang; Bild Seite 7 und Bilder Seiten 84-85 aus Israel Tom Müller.

Die Deutsche Nationalbibliothek verzeichnet diese Publikation in der Deutschen Nationalbibliografie; detaillierte bibliografische Daten sind im Internet über http://dnb.d-nb.de abrufbar

ISBN 978-3-95961-544-0

Ebenfalls erhältlich ...

ISBN 978-3-95961-526-6

ISBN 978-3-95961-384-2

ISBN 978-3-95961-292-0

ISBN 978-3-95961-507-5

CHRISTIAN

www.christian-verlag.de